國家古籍整理出版專項經費資助項目

經

部

浙江省古籍善本聯合目錄

主編　程小瀾　朱海閔　應長興

國家圖書館出版社

經

部

主
編

程小瀾
朱海閔
應長興

圖書在版編目（CIP）數據

浙江省古籍善本聯合目錄：全六冊／程小瀾，朱海閎，應長興主編.
--北京：國家圖書館出版社，2017.5
　　ISBN 978 - 7 - 5013 - 4577 - 9

　　Ⅰ. ①浙… 　Ⅱ. ①程… ②朱… ③應… 　Ⅲ. ①古籍 - 善本 - 聯合目錄 -
浙江省 　Ⅳ. ① Z838

中國版本圖書館 CIP 數據核字（2011）第 007960 號

書　　　名　浙江省古籍善本聯合目錄（全六冊）
著　　　者　程小瀾　朱海閎　應長興　主編
責任編輯　殷夢霞　張愛芳　陳利輝
封面設計　敬人書籍設計工作室
　　　　　　呂敬人＋呂旻

出　　　版　國家圖書館出版社（100034　北京市西城區文津街 7 號）
　　　　　　（原書目文獻出版社　北京圖書館出版社）
發　　　行　010 - 66114536　66126153　66151313　66175620
　　　　　　　　66121706（傳真），66126156（門市部）
E - mail　　btsfxb@ nlc. gov. cn（郵購）
Website　　www. nlcpress. com → 投稿中心
經　　　銷　新華書店
印　　　裝　河北三河弘翰印務有限公司
版　　　次　2017 年 5 月第 1 版　2017 年 5 月第 1 次印刷

開　　　本　787×1092（毫米）　1/16
印　　　張　151.5
字　　　數　2268.9 千字

書　　　號　ISBN 978 - 7 - 5013 - 4577 - 9
定　　　價　2600.00 圓

浙江省文化研究工程指導委員會

《浙江省古籍善本聯合目錄》
編纂委員會

主 任　程小瀾　朱海閔　應長興

委 員　王以儉　毛　旭　占　劍　朱暐琛　李性忠　李儉英　沈紅梅

　　　　胡海榮　胡　獲　莊立臻　徐益波　徐　潔　徐曉軍　陳　浩

　　　　孫旭霞　章明麗　賈曉東　雷祥雄　虞浩旭　褚樹青　趙任飛

　　　　鄭笑笑　魯東明　劉　偉　劉曉清

《浙江省古籍善本聯合目錄》
編輯組

主　　編	程小瀾　朱海閔　應長興
副 主 編	徐曉軍　賈曉東　童正倫　李性忠　饒國慶　潘猛補　高　明
經部彙編	張　群
史部彙編	丁　紅
子部彙編	張素梅
集部彙編	童正倫
叢部彙編	王巨安
總　　校	童正倫

成　　員	于美娜	王小仙	王元慶	王巨安	王水遠	王　妍	王　瑋
	王瑞亮	王麗霞	仇家京	朱　鴻	任　晴	杜　晉	李　芳
	李開升	吳美娟	沙文婷	沈芯嶼	沈雅君	林傳壹	林　愛
	金媛媛	周聿丹	周慧惠	周蘭天	洪麗婭	秦華英	袁良植
	袁　慧	馬　慧	徐由由	徐　穎	唐　微	陳芳芳	陳翌偉
	陳欽益	陳　曄	陳　誼	高月英	曹海花	張素梅	張　陽
	張　群	張寧梅	黃　燕	董　千	程惠新	程　勤	童圣江
	蔡　蓓	鄭宗南	鄭　穎	鄭興寶	鄧　京	衛　芳	劉引珠
	劉　雲	盧　勇	謝　雷	蘇立峰			

顧　　問	吳格
書名題簽	王伯敏

浙江文化研究工程成果文庫總序

　　有人將文化比作一條來自老祖宗而又流向未來的河，這是説文化的傳統，通過縱向傳承和橫向傳遞，生生不息地影響和引領著人們的生存與發展；有人説文化是人類的思想、智慧、信仰、情感和生活的載體、方式和方法，這是將文化作爲人們代代相傳的生活方式的整體。我們説，文化爲群體生活提供規範、方式與環境，文化通過傳承爲社會進步發揮基礎作用，文化會促進或制約經濟乃至整個社會的發展。文化的力量，已經深深熔鑄在民族的生命力、創造力和凝聚力之中。

　　在人類文化演化的進程中，各種文化都在其內部生成衆多的元素、層次與類型，由此決定了文化的多樣性與複雜性。

　　中國文化的博大精深，來源於其內部生成的多姿多彩；中國文化的歷久彌新，取決於其變遷過程中各種元素、層次、類型在內容和結構上通過碰撞、解構、融合而産生的革故鼎新的強大動力。

　　中國土地廣袤、疆域遼闊，不同區域間因自然環境、經濟環境、社會環境等諸多方面的差異，建構了不同的區域文化。區域文化如同百川歸海，共同匯聚成中國文化的大傳統，這種大傳統如同春風化雨，滲透於各種區域文化之中。在這個過程中，區域文化如同清溪山泉潺潺不息，在中國文化的共同價值取向下，以自己的獨特個性支撐著、引領著本地經濟社會的發展。

　　從區域文化入手，對一地文化的歷史與現狀展開全面、系統、扎實、有序的研究，一方面可以藉此梳理和弘揚當地的歷史傳統和文化資源，繁榮和豐富當代的先進文化建設活動，規劃和指導未來的文化發展藍圖，增強文化軟實力，爲全面建設小康社會、加快推進社會主義現代化提供思想保證、精神動力、智力支持和輿論力量；另一方面，這也是深入瞭解中國文化、研究中國文化、發展中國文化、創新中國文化的重要途徑之一。如今，區域文化研究日益受到各地重視，成爲我國文化研究走向深入的一個重要標誌。我們今天實施浙江文化研究工程，其目的和意義也在於此。

千百年來，浙江人民積澱和傳承了底蘊深厚的文化傳統。這種文化傳統的獨特性，正在於它令人驚歎的富於創造力的智慧和力量。

浙江文化中富於創造力的基因，早早地出現在其歷史的源頭。在浙江新石器時代最爲著名的跨湖橋、河姆渡、馬家浜和良渚的考古文化中，浙江先民們都以不同凡響的作爲，在中華民族的文明之源留下了創造和進步的印記。

浙江人民在與時俱進的歷史軌跡上一路走來，秉承富於創造力的文化傳統，這深深地融匯在一代代浙江人民的血液中，體現在浙江人民的行爲上，也在浙江歷史上衆多傑出人物身上得到充分展示。從大禹的因勢利導、敬業治水，到勾踐的臥薪嚐膽、勵精圖治；從錢氏的保境安民、納土歸宋，到胡則的爲官一任、造福一方；從岳飛、于謙的精忠報國、清白一生，到方孝孺、張蒼水的剛正不阿、以身殉國；從沈括的博學多識、精研深究，到竺可楨的科學救國、求是一生；無論是陳亮、葉適的經世致用，還是黃宗羲的工商皆本；無論是王充、王陽明的批判、自覺，還是龔自珍、蔡元培的開明、開放，等等，都展示了浙江深厚的文化底蘊，凝聚了浙江人民求真務實的創造精神。

代代相傳的文化創造的作爲和精神，從觀念、態度、行爲方式和價值取向上，孕育、形成和發展了淵源有自的浙江地域文化傳統和與時俱進的浙江文化精神，她滋育著浙江的生命力、催生著浙江的凝聚力、激發著浙江的創造力、培植著浙江的競爭力，激勵著浙江人民永不自滿、永不停息，在各個不同的歷史時期不斷地超越自我、創業奮進。

悠久深厚、意蘊豐富的浙江文化傳統，是歷史賜予我們的寶貴財富，也是我們開拓未來的豐富資源和不竭動力。黨的十六大以來推進浙江新發展的實踐，使我們越來越深刻地認識到，與國家實施改革開放大政方針相伴隨的浙江經濟社會持續快速健康發展的深層原因，就在於浙江深厚的文化底蘊和文化傳統與當今時代精神的有機結合，就在於發展先進生產力與發展先進文化的有機結合。今後一個時期浙江能否在全面建設小康社會、加快社會主義現代化建設進程中繼續走在前列，很大程度上取決於我們對文化力量的深刻認識、對發展先進文化的高度自覺和對加快建設文化大省的工作力度。我們應該看到，文化的力量最終可以轉化爲物質的力量，文化的軟實力最終可以轉化爲經濟的硬實力。文化要素是綜合競爭力的核心要素，文化資源是經濟社會發展的重要資源，文化素質是領導者和勞動者的首要素質。因此，研究浙江文化的歷史與現狀，增強文化軟實力，爲浙江的現代化建設服務，是浙江人民的共同事業，也是浙江各級黨委、政府的重要使命和責任。

2005 年 7 月召開的中共浙江省委十一屆八次全會，作出《關於加快建設文化大省的決定》，提出要從增強先進文化凝聚力、解放和發展生產力、增強社會公共服務能力入手，大力實施文明素質工程、文化精品工程、文化研究工程、文化保護工程、文化產業促進工程、文化陣地工程、文化傳播工程、文化人才工程等"八項工程"，實施科教興國和人才強國戰略，加快建設教育、科技、衛生、體育等"四個強省"。作爲文化建設"八項工程"之一的文化研究工程，其任務就是系統研究浙江文化的歷史成就和當代發展，深入挖掘浙江文化底蘊、研究浙江現象、總結浙江經驗、指導浙江未來的發展。

浙江文化研究工程將重點研究"今、古、人、文"四個方面，即圍繞浙江當代發展問題研究、浙江歷史文化專題研究、浙江名人研究、浙江歷史文獻整理四大板塊，開展系統研究，出版系列叢書。在研究內容上，深入挖掘浙江文化底蘊，系統梳理和分析浙江歷史文化的內部結構、變化規律和地域特色，堅持和發展浙江精神；研究浙江文化與其他地域文化的異同，釐清浙江文化在中國文化中的地位和相互影響的關係；圍繞浙江生動的當代實踐，深入解讀浙江現象，總結浙江經驗，指導浙江發展。在研究力量上，通過課題組織、出版資助、重點研究基地建設、加強省內外大院名校合作、整合各地各部門力量等途徑，形成上下聯動、學界互動的整體合力。在成果運用上，注重研究成果的學術價值和應用價值，充分發揮其認識世界、傳承文明、創新理論、咨政育人、服務社會的重要作用。

我們希望通過實施浙江文化研究工程，努力用浙江歷史教育浙江人民、用浙江文化熏陶浙江人民、用浙江精神鼓舞浙江人民、用浙江經驗引領浙江人民，進一步激發浙江人民的無窮智慧和偉大創造能力，推動浙江實現又快又好發展。

今天，我們踏著來自歷史的河流，受著一方百姓的期許，理應負起使命，至誠奉獻，讓我們的文化綿延不絕，讓我們的創造生生不息。

2006 年 5 月 30 日於杭州

前　言

　　《浙江省古籍善本聯合目録》由浙江圖書館組織浙江全省 57 家古籍收藏
機構共同參與編纂，是迄今爲止本省最權威的古籍善本收藏目録。本目録的
編纂，使目前分散於全省各地的珍藏秘笈、善本圖書的收藏數量、内容品
質、分佈狀况等信息得到全面、系統、準確的反映，爲古籍文獻資料的共建
共享提供了基礎，爲讀者查找利用提供了便利，也爲浙江文化遺産保存保護
提供了重要依據。

一

　　古籍目録的最大功用在於“辨章學術，考鏡源流”“即類求書，因書究
學”（章學誠《校讎通義·互著》）。就是説，古籍目録既便於瞭解學術發展
源流，又能按類而求書，因書而治學。

　　浙江圖書館歷來就非常重視古籍文獻的編目工作，很好地繼承了我國藏
書史的優良傳統。其前身杭州藏書樓建立翌年，即 1901 年，便編製了《杭
州藏書樓書目》1 册，按自編分類法分編圖書報刊，並於次年刊行。1903
年，杭州藏書樓改建爲浙江藏書樓，1907 年即編印《浙江藏書樓書目甲乙
編》。1909 年，浙江藏書樓正式改稱浙江圖書館，1914 年、1915 年又先後編
印《浙江公立圖書館觀覽類目録》《浙江公立圖書館保存類書目》。1918 年
編輯《浙江公立圖書館保存類書目續編》。二十世紀六十年代中期，又將此
前所編古籍目録重新考訂、删選，編成一部新的《浙江圖書館善本書目甲乙
編》。

　　1977 年，浙江圖書館參與全國古籍善本總目的編纂工作，對浙江全省古

籍善本進行調查編目。《中國古籍善本書目》的編纂，開創了新時期中國古籍普查、編目的先例。浙江圖書館充分吸收《中國古籍善本書目》編纂的有益經驗，在本館已有古籍書目的良好基礎上，於 2001 年編纂完成《浙江圖書館古籍善本書目》，著錄古籍善本 7500 餘部，增加的部分大多爲浙江籍學人的著作，體系完備、著錄詳確，具有鮮明的地方文獻特色。

二

浙江歷史悠久，文化發達。據王國維先生考證，"唐之中葉吾浙已有刊版矣"。在宋代，杭州成爲全國刻書中心，後經元、明、清諸代續有發展。到了近現代，浙江更成爲私人藏書樓最發達的地區之一。浙江省現存的古籍善本亦相當豐富，爲世所矚目。這既是一筆珍貴的歷史遺產，也是一座豐富的資源寶庫，特別是浙江圖書館、天一閣博物館、西泠印社、浙江大學圖書館、紹興圖書館、嘉興市圖書館、溫州市圖書館等收藏單位歷史悠久，收藏的文獻頗具浙江地方特色。揭示這些文獻，對於學界研究中國社會歷史文化發展，具有重要的學術參考價值。

《浙江圖書館古籍善本書目》出版後，傅璇琮先生建議浙江圖書館乘勝而進，在現有成果的基礎上，再編一部浙江全省現存的古籍善本總目。由於當時條件不够成熟，此項建議未能落實。

2005 年 7 月，中共浙江省委十一屆八次全會作出《關於加快建設文化大省的決定》，大力實施文化研究工程、文化保護工程等 "八項工程"。作爲文化研究工程之一，編纂浙江省古籍善本聯合目錄的工作被提上了重要議事日程。2006 年 3 月，按照浙江省文化廳的批示，成立了以浙江圖書館爲首的跨系統編纂委員會；爲切實做好這項工作，浙江圖書館組建了編纂工作組，起草了聯合目錄的收錄範圍、分類大綱、著錄規則等有關條文和表格。2006 年 4 月，召開了編纂啓動工作會議，舉辦了聯合目錄著錄及有關業務培訓，浙江圖書館分別與各古籍善本收藏單位簽訂協議，正式啓動了本目錄的編纂工作；2009 年底，《浙江省古籍善本聯合目錄》完成初稿後，又經分類彙編、核對，最後並編製完成了全書的索引工作。

三

《浙江省古籍善本聯合目錄》共收書 19547 部，立目 15667 條，分經部、史部、子部、集部、叢部、索引共六巨册。通觀全書，具有以下顯著特點：

第一，收羅宏富，不乏要籍。二十世紀七十年代末所編《中國古籍善本書目》收錄了浙江藏書單位計 48 家，隨着歲月的變遷，有些單位或有變更，或有兼併，今計合爲 42 家，約 7500 部。此次所編《浙江省古籍善本聯合目錄》，藏書單位新增 15 家，達 57 家，收書數量較《中國古籍善本書目》多一倍以上。就浙江圖書館而言，較《浙江圖書館古籍善本書目》又增添 1100 餘部，天一閣博物館也較《中國古籍善本書目》增收 1500 餘部。浙江古籍善本雖分藏各地，但收藏主要集中在數家比較大的公共圖書館中。本書目中收錄善本書上千部的有 4 家：浙江圖書館 8640 部、天一閣博物館 3634 部、溫州市圖書館 1510 部、浙江大學圖書館 1322 部，占總數的四分之三强。收錄百部以上的有 14 家。在增收書中，不乏重要典籍。如五代、宋元本有：浙江博物館的五代吳越國刻《金光明經》，溫州博物館的五代寫經《大方便佛報恩經》、宋大觀三年刻《佛說觀無量壽佛經科文》、北宋寫本《大方廣圓覺修多羅了義經》、宋寫本《金光明經》；元刻本有：平湖市圖書館的元刻《纂圖互注荀子》，浙江圖書館的元刻《大廣益會玉篇》，元至元六年慶元路儒學刻《玉海》及附刻 1 種與浙江大學所藏附刻 13 種合爲全璧等。明刻本中，天一閣博物館所藏洪武刻《天目中峰和尚廣錄》、宣德刻《華嚴法界觀門通玄記》、明嘉靖刻藍印元王禎《農桑通訣集》均是孤本。又《精選古今名賢叢話詩林廣記》十卷《後集》十卷，明弘治十年張鼐刻本；該書國家圖書館藏的是殘本，而天一閣博物館藏的是全本。清代學者張伯行著述、刊書豐富，其編輯的《正誼堂全書》63 種，所知傳世僅存同治刻本或個別康熙刻本零種，此次在浙江圖書館嘉業藏書樓竟找到康熙刻原本全帙，其中僅兩種有部分缺略，其餘書品完好，實屬重大發現。以上祇是舉例一斑，其他孤本要籍多有增補。可以説，本書目對浙江現存古籍善本儘管未收羅殆盡，但百分之九十以上已囊括其中。

第二，綜合四部，特色鮮明。參加本書目編寫的各藏書單位基本都兼收四部典籍，而各具特色。其中浙江圖書館以文瀾閣《四庫全庫》爲主綜合涵蓋四部；天一閣博物館的明代方志和登科錄獨步宇內；西泠印社的印譜冠蓋全國，其餘單位各擅本土文獻。

浙江作爲行省，歷來以收藏地方文獻爲重點，各地皆以搜儲當地鄉邦文獻爲要務。本書目所收浙江籍學人著作及浙江地方典籍較爲豐富。浙江人文薈萃，名家輩出，在歷經歲月滄桑、水火兵燹後，鄉賢遺稿尚存有近500部，在所收1400餘部稿本中占三分之一強。重要名家餘姚有清黄宗羲、黄宗炎兄弟，鄞縣有明豐坊、清萬斯同與萬言叔侄，紹興有明祁彪佳和祁理孫父子及清張岱、李慈銘，諸暨有明陳洪綬，蕭山有清來集之、毛奇齡，天台有清齊召南，德清有清傅雲龍，瑞安有清孫衣言、孫詒讓父子等等。天一閣博物館藏黄宗羲《明文海》殘稿價值自不待言，而浙江圖書館藏據稿本整理的最早最全、未經删改並有黄宗羲200條評語的清康熙抄本，是寥寥數種傳本中最佳版本，他本皆遭删改且無評語，難以望其項背。姚燮所編《復莊今樂府選》，廣收博採雜劇、傳奇等戲曲竟達400餘種，今浙江圖書館、天一閣博物館存有姚燮手校稿本381種，其中大量爲孤本，是研究戲曲異常珍貴的文獻。萬斯同所撰的《明史列傳稿》12册，其中半爲萬氏手寫，半爲萬氏校改，當屬稀世珍品。陳洪綬的《篋儀象解》、祁彪佳的《祁忠敏公疏稿》、毛奇齡的《三江閘議原稿》等手跡亦皆同珠玉。其餘衆鄉賢新出稿本數以百計，在此難以一一羅列。就地方史料而言，本書目收錄達600種以上，其中不少鮮爲人知，爲首次所披露。在浙江262種善本方志中，有杭州市餘杭區圖書館藏明戴鯨纂的《校錄四明志徵》明抄本，嘉興市圖書館藏清湯新纂修的《［康熙］湖州府志纂要》稿本，浙江圖書館藏清龔嘉儁、丁丙等纂修的《［光緒］杭州府志》稿本，嵊州市圖書館藏清陳謳纂修的《新昌縣志》稿本，金華市太平天國侍王府紀念館藏清何德潤輯的《武川備考》稿本，天一閣博物館藏的《四明志徵》清抄本等等，皆爲《中國古籍善本書目》和《中國地方志聯合目錄》中所不載。杭州歷史博物館藏清龔廷諤纂修的《龔自珍家譜》清抄本也爲《中國古籍善本書目》所未載。此等史料，彌足珍貴。

第三，參考衆目，調整分類。本書目在收錄範圍、著錄格式、分類以及排序等方面基本採用《中國古籍善本書目》體例，使地方目錄與全國總目錄統一，頗便讀者使用。在吸取前人成果的同時，我們也參考了其他目錄的一些長處，對分類稍作了一些調整。如：《中國古籍善本書目》的“醫家類”，我們認爲《中國中醫古籍總目》的分類更專業、更科學，因而我們採用了《中國中醫古籍總目》的分類方法；《中國古籍善本書目》道家與道教合一，本書目採學界多家觀點而將其分開爲兩類；《中國古籍善本書目》將筆記小說與文學小說歸併子部“小說類”，其内容性質非同，本書目則將文學小說歸到集部；地方志書數量龐大，《中國古籍善本書目》用的是暗分，本書目改爲明分，以便讀者查找。其他，在順序上也作了個別調整，參見《凡例》。

總之，本目錄的編纂，不僅參與編目的機構衆多，而且全書篇目設置也較規範合理，款目著錄也較嚴謹科學，通過綱目井然的梳理和揭示，不僅爲繼續編纂《浙江省古籍聯合目錄》創造了條件，同時也爲全國性的《中華古籍總目》編纂計劃的實施奠定了一定的基礎。

本目錄的出版，首先要感謝浙江省委、省政府的大力支持，感謝各古籍善本收藏機構的配合，感謝浙江圖書館各屆領導以及古籍部同仁的辛勞。最後，還要感謝國家圖書館出版社的大力支持和諸位編輯認真嚴謹的編校工作。

編　者

2013 年 10 月

凡　例

一、本目錄收錄浙江省公藏的，清乾隆以前寫、印的古籍和清乾隆後稀少重要刻本、稿本、抄本、批校題跋本、活字本等。

二、全書按經、史、子、集、叢分類編排，參照《中國古籍善本書目》分類排序，部分稍作調整：史部“史評類”移至“史抄類”後，“方志”下按省細分。子部“道家類”與“道教類”分開；“醫家類”按《中國中醫古籍總目》分類排序；“小説類”中將“文學小説”與“筆記小説”分開，“文學小説”入集部，“筆記小説”改爲“小説家類”；“道家類”、“釋家類”後加“其他宗教類”。集部中“總集類”移到“別集類”前。

三、著錄格式參照《中國古籍善本書目》，内容包括書名項（書名、卷數），著者項（朝代、著者、著作方式），版本項（出版年、出版地、出版者、出版類型、版本附注），附注項，行款尺寸，收藏單位簡稱。浙江籍作者前冠籍貫。版本項朝代年後用括弧加公元年，例“乾隆（1736—1795）刻本”；泛言朝代者後不加公元年，例“唐寫本”、“清末抄本”等。行款中小字雙行與大字同者不著錄，不同者著錄。版心下有堂號者著錄。

叢書書名依據原題。原題有種數者照錄，例“心齋十種”；無種數者則不作著錄。叢書總卷數合計著錄。叢書本一般按照整體著錄，若殘存一、二種者，則以零種著錄；整體著錄中子目不再復分。叢書零種有批校題跋者屬單獨品種入各部著錄。

四、各部類書目編排以著者時代先後爲序，同時代著者主要參考其科第、輔以生卒先後排序。同一書有多種版本時，以版本時代先後爲序。方志、地方藝文以《［嘉慶］大清一統志》行政區順序排。傳記按傳主生卒先後排序。

　　五、收藏單位列於目錄下，以簡稱著錄。書前編有"收藏單位名稱對照表"。收藏單位後打"＊"號者，係其所藏爲殘本。

　　六、書名和著者筆畫、四角號碼索引單獨成册，書前編有索引字頭筆畫、拼音檢字表。索引不含叢書子目書名和批校題跋的著者。

收藏單位名稱對照表

簡　稱	全　稱	簡　稱	全　稱
浙圖	浙江圖書館	蕭山博	杭州市蕭山博物館
浙博	浙江省博物館	天一閣	寧波市天一閣博物館
社科院	浙江省社會科學院圖書館	鎮海文	寧波市鎮海區文物管理委員會
中醫研院	浙江省中醫藥研究院圖書館	餘姚文	餘姚市文物保護管理所
杭圖	杭州圖書館	慈溪博	慈溪市博物館
餘杭圖	杭州市餘杭區圖書館	奉化文	奉化市文物保護管理所
桐廬圖	桐廬縣圖書館	寧海文	寧海縣文物管理委員會辦公室
寧圖	寧波市圖書館	溫博	溫州市博物館
溫圖	溫州市圖書館	玉海樓	瑞安市文物館
嘉圖	嘉興市圖書館	平湖博	平湖市博物館
海寧圖	海寧市圖書館	海鹽博	海鹽縣博物館
平湖圖	平湖市圖書館	湖博	湖州市博物館
桐鄉圖	桐鄉市圖書館	德清博	德清縣博物館
湖圖	湖州市圖書館	安吉博	安吉縣博物館
紹圖	紹興市圖書館	紹文	紹興市文物考古所
諸暨圖	諸暨市圖書館	侍王府	金華市太平天國侍王府紀念館
上虞圖	上虞市圖書館	東陽博	東陽市博物館
嵊州圖	嵊州市圖書館	衢博	衢州市博物館
義烏圖	義烏市圖書館	臨海博	臨海市博物館
常山圖	常山縣圖書館	天台博	天台縣博物館
黃巖圖	台州市黃巖區圖書館	仙居文	仙居縣文物管理委員會辦公室
溫嶺圖	溫嶺市圖書館	寧檔	寧波市檔案館
天台圖	天台縣圖書館	浙大	浙江大學圖書館
雲和圖	雲和縣圖書館	中醫大	浙江中醫藥大學圖書館
慶元圖	慶元縣圖書館	美院	中國美術學院圖書館
縉雲圖	縉雲縣圖書館	寧大	寧波大學圖書館
遂昌圖	遂昌縣圖書館	杭高	浙江省杭州高級中學
杭博	杭州歷史博物館	餘中	浙江省餘姚中學圖書館
西泠印社	西泠印社社務委員會		

目　　錄

經　　部

經　部

總類

經 0001

五經五卷

明刻本

周易一卷

尚書一卷

毛詩一卷

禮記一卷

春秋一卷

九行十七字　四周雙邊　白口

20.1 × 14.8 釐米

浙圖

經 0002

九經五十一卷附四卷

明秦鎲訂正

明崇禎十三年（1640）秦鎲求古齋刻本

存四十四卷

書經四卷

周禮六卷

禮記六卷

春秋十七卷

論語二卷

孟子七卷

附　大學一卷　宋朱熹章句

中庸一卷　宋朱熹章句

十三行二十四字　四周雙邊　白口　有眉欄

14.9 × 10.6 釐米

天一閣

經 0003

九經五十一卷附四卷

明秦鎲訂正

明崇禎十三年（1640）秦鎲求古齋刻本

佚名批

存三十二卷

周易三卷圖説一卷

書經四卷

詩經四卷

周禮六卷

論語二卷

孝經一卷

孟子七卷

附　大學一卷　宋朱熹章句

中庸一卷　宋朱熹章句

小學二卷

浙圖

經 0004

九經五十一卷附四卷

明秦鎲訂正

清觀成堂刻本　佚名批校

存五十三卷

周易三卷圖説一卷

書經四卷

詩經四卷

周禮六卷

禮記六卷

春秋十七卷

論語二卷

孝經一卷

孟子七卷

附　小學二卷

十三行二十四字　四周雙邊　白口　有眉欄

14.7 × 10.5 釐米

浙圖

經 0005

九經五十一卷附四卷

明秦鏷訂正

清觀成堂刻本

存二十二卷

周易三卷圖説一卷

書經四卷

詩經四卷

春秋十七卷　存十卷　一至十

衢博

經 0006

仿宋相臺五經九十六卷

清乾隆四十八年（1783）武英殿刻本

周易九卷　魏王弼、晉韓康伯注　唐陸德明

音義　略例一卷　魏王弼撰　唐邢璹注

唐陸德明音義

尚書十三卷　題漢孔安國傳　唐陸德明音

義

毛詩二十卷　漢毛亨傳　漢鄭玄箋　唐陸

德明音義

禮記二十卷　漢鄭玄注　唐陸德明音義

春秋經傳集解三十卷　晉杜預撰　唐陸德

明音義　春秋年表一卷　春秋名號歸一

圖二卷　後蜀馮繼先撰

八行十七字　四周雙邊　白口

20×13.5 釐米

寧圖

經 0007

仿宋相臺五經九十六卷

清乾隆四十八年（1783）武英殿刻本　清

海寧周廣業校並跋

浙圖

經 0008

五經四書七十九卷

清康熙（1662—1722）朱錫旂崇道堂刻本

周易本義四卷　宋朱熹撰　康熙十年

（1671）刻

書經集傳六卷　宋蔡沈撰　康熙十二年

（1673）刻

詩經集傳八卷　宋朱熹撰　康熙十一年

（1672）刻

禮記集説十卷　元陳澔撰　康熙十六年

（1677）刻

春秋傳三十卷　宋胡安國撰　康熙十六年

（1677）刻

論語集註十卷序説一卷　宋朱熹撰

孟子集註七卷序説一卷　宋朱熹撰　康熙

十三年（1674）刻

大學章句一卷　宋朱熹撰

中庸章句一卷　宋朱熹撰

周易十一行二十三字　餘九行十七字或十八字

左右雙邊　白口　版心下鐫“崇道堂鐫”

20×14.5 釐米

浙圖

經 0009

四書六經讀本一百十一卷

明毛晉編

明崇禎十四年（1641）毛氏汲古閣刻本

存三十九卷

周易本義四卷首一卷　宋朱熹撰

春秋胡傳三十卷　宋胡安國撰　宋林堯叟

音注　綱領一卷春秋列國東坡圖説一卷

春秋提要一卷春秋諸國興廢説一卷

九行十七字　左右雙邊　白口　版心下鐫“汲

古閣”

17.5×13.7 釐米

浙圖　天一閣 *

經 0010

十三經古註二百九十二卷

明金蟠、葛鼐訂

明崇禎（1628—1644）永懷堂刻本

周易九卷　魏王弼、晉韓康伯注　唐陸德明

音義　略例一卷　魏王弼撰　唐邢璹注

唐陸德明音義

書經二十卷　題漢孔安國傳　唐陸德明音

義

詩經二十卷　漢毛亨傳　漢鄭玄箋　唐陸

德明音義　詩譜一卷　漢鄭玄撰

周禮四十二卷　漢鄭玄注　唐陸德明音義

儀禮十七卷　漢鄭玄注　唐陸德明音義

禮記四十九卷　漢鄭玄注　唐陸德明音義

春秋左傳三十卷　晉杜預集解　唐陸德明音義

春秋公羊傳二十八卷　漢何休注　唐陸德明音義

春秋穀梁傳二十卷　晉范甯集解　唐陸德明音義

爾雅十一卷　晉郭璞注

論語二十卷　魏何晏集解　古註論語姓氏攷一卷

孝經九卷　漢鄭玄注

孟子十四卷　漢趙岐注

九行二十五字　左右雙邊　白口　版心下鐫"永懷堂"

19.7×12.7釐米

浙圖

經0011

十三經註疏三百三十五卷

明嘉靖(1522—1566)李元陽刻本

周易兼義九卷　魏王弼、晉韓康伯注　唐孔穎達正義　音義一卷　唐陸德明撰　略例一卷　魏王弼撰　唐邢璹注

尚書註疏二十卷　題漢孔安國傳　唐孔穎達疏　唐陸德明音義

毛詩註疏二十卷　漢毛亨傳　漢鄭玄箋　唐孔穎達疏　唐陸德明音義

周禮註疏四十二卷　漢鄭玄注　唐賈公彥疏　唐陸德明音義

儀禮註疏十七卷　漢鄭玄注　唐賈公彥疏　唐陸德明音義

禮記註疏六十三卷　漢鄭玄注　唐孔穎達疏　唐陸德明音義

春秋左傳註疏六十卷　晉杜預注　唐孔穎達疏　唐陸德明音義

春秋公羊註疏二十八卷　漢何休注　唐徐彥疏　唐陸德明音義

春秋穀梁註疏二十卷　晉范甯集解　唐楊士勛疏　唐陸德明音義

論語註疏解經二十卷　魏何晏集解　宋邢

昺疏

孝經注疏九卷　唐玄宗李隆基注　宋邢昺疏

爾雅註疏十一卷　晉郭璞注　宋邢昺疏

孟子註疏解經十四卷　漢趙岐注　題宋孫奭疏

九行二十一字　四周單邊　白口

19.8×13.1釐米

浙圖＊　溫圖＊　天一閣＊　浙大

經0012

十三經註疏三百三十五卷

明萬曆十四年至二十一年(1586—1593)北京國子監刻本

周易兼義九卷　魏王弼、晉韓康伯注　唐孔穎達正義　略例一卷　魏王弼撰　唐邢璹注　音義一卷　唐陸德明撰　萬曆十四年(1586)刻

尚書註疏二十卷　題漢孔安國傳　唐孔穎達疏　唐陸德明音義　萬曆十五年(1587)刻

毛詩註疏二十卷　漢毛亨傳　漢鄭玄箋　唐孔穎達疏　唐陸德明音義　萬曆十七年(1589)刻

周禮註疏四十二卷　漢鄭玄注　唐賈公彥疏　唐陸德明音義　萬曆二十一年(1593)刻

儀禮註疏十七卷　漢鄭玄注　唐賈公彥疏　唐陸德明音義　萬曆二十一年(1593)刻

禮記註疏六十三卷　漢鄭玄注　唐孔穎達疏　唐陸德明音義　萬曆十六年(1588)刻

春秋左傳註疏六十卷　晉杜預注　唐孔穎達疏　唐陸德明音義　萬曆十九年至二十年(1591—1592)刻

春秋公羊註疏二十八卷　漢何休注　唐徐彥疏　唐陸德明音義　萬曆二十一年(1593)刻

春秋穀梁註疏二十卷　晉范甯集解　唐楊士勛疏　唐陸德明音義　萬曆二十一年(1593)刻

論語註疏解經二十卷　魏何晏集解　宋邢昺疏　萬曆十四年(1586)刻

孝經註疏九卷　唐玄宗李隆基注　宋邢昺
疏　萬曆十四年(1586)刻

爾雅註疏十一卷　晉郭璞注　宋邢昺疏
萬曆二十一年(1593)刻

孟子註疏解經十四卷　漢趙岐注　題宋孫
奭疏　萬曆十八年(1590)刻

九行二十一字　左右雙邊　白口

23.2×15.3 釐米

浙圖　天一閣 *

經0013

十三經註疏三百三十三卷

明崇禎元年至十二年(1628—1639)毛氏
汲古閣刻本

周易兼義九卷　魏王弼、晉韓康伯注　唐孔
穎達正義　崇禎四年(1631)刻

尚書註疏二十卷　題漢孔安國傳　唐孔穎達
疏　唐陸德明音義　崇禎五年(1632)刻

毛詩註疏二十卷　漢毛亨傳　漢鄭玄箋　唐
孔穎達疏　唐陸德明音義　崇禎三年
(1630)刻

周禮註疏四十二卷　漢鄭玄注　唐賈公彥疏
唐陸德明音義　崇禎元年(1628)刻

儀禮註疏十七卷　漢鄭玄注　唐賈公彥疏
唐陸德明音義　崇禎九年(1636)刻

禮記註疏六十三卷　漢鄭玄注　唐孔穎達疏
唐陸德明音義　崇禎十二年(1639)刻

春秋左傳註疏六十卷　晉杜預注　唐孔穎達
疏　唐陸德明音義　崇禎十一年(1638)
刻

春秋公羊註疏二十八卷　漢何休注　唐徐彥
疏　唐陸德明音義　崇禎七年(1634)刻

春秋穀梁註疏二十卷　晉范甯集解　唐楊士
勛疏　唐陸德明音義　崇禎八年(1635)
刻

論語註疏解經二十卷　魏何晏集解　宋邢昺
疏　崇禎十年(1637)刻

孝經註疏九卷　唐玄宗李隆基注　宋邢昺疏
崇禎二年(1629)刻

爾雅註疏十一卷　晉郭璞注　宋邢昺疏　崇
禎元年(1628)刻

孟子註疏解經十四卷　漢趙岐注　題宋孫奭

疏　崇禎六年(1633)刻

九行二十一字　左右雙邊　白口　版心下鐫
"汲古閣"

18×12.6 釐米

浙圖 *　寧圖 *　諸暨圖　嵊州圖 *　寧大 *

經0014

十三經註疏三百四十八卷

清乾隆四年(1739)武英殿刻本

存二百二十四卷

周易注疏十三卷　魏王弼、晉韓康伯注　唐
陸德明音義　唐孔穎達疏　略例一卷
魏王弼撰　唐邢璹注　唐陸德明音義

尚書注疏十九卷　題漢孔安國傳　唐陸德
明音義　唐孔穎達疏

毛詩注疏三十卷毛詩譜一卷　漢毛亨傳
漢鄭玄箋　唐陸德明音義　唐孔穎達疏

周禮注疏四十二卷　漢鄭玄注　唐陸德明
音義　唐賈公彥疏

儀禮注疏十七卷　漢鄭玄注　唐陸德明音
義　唐賈公彥疏

禮記注疏六十三卷　漢鄭玄注　唐陸德明
音義　唐孔穎達疏　存四十五卷　一至
十三　三十二至六十三

春秋左傳注疏六十卷　晉杜預注　唐陸德
明音義　唐孔穎達疏　存二十一卷　一
至二　三十三至三十六　四十六至六十

春秋公羊傳注疏二十八卷　漢何休注　唐
陸德明音義　唐徐彥疏　存二十卷　一
至二十

孝經注疏九卷　唐玄宗李隆基注　唐陸德
明音義　宋邢昺疏

孟子注疏十四卷　漢趙岐注　題宋孫奭音
義並疏　存六卷　五至十

十行二十一字　左右雙邊　白口

22.6×15.3 釐米

寧圖

經0015

重栞宋本十三經注疏四百十六卷
校勘記四百十六卷

清阮元撰　清盧宣旬摘錄

清嘉慶二十年(1815)南昌府學刻道光六年(1826)重校印本　清瑞安孫詒讓批校

周易兼義九卷　魏王弼、晉韓康伯注　唐孔穎達正義　音義一卷　唐陸德明撰　校勘記九卷周易釋文校勘記一卷

附釋音尚書注疏二十卷　漢孔安國傳　唐孔穎達疏　唐陸德明音義　校勘記二十卷

附釋音毛詩注疏七十卷　漢鄭玄注　唐孔穎達疏　唐陸德明音義　校勘記七十卷

附釋音周禮注疏四十二卷　漢鄭玄注　唐賈公彥疏　唐陸德明音義　校勘記四十二卷

儀禮注疏五十卷　漢鄭玄注　唐賈公彥疏　唐陸德明音義　校勘記五十卷

附釋音禮記注疏六十三卷　漢鄭玄注　唐孔穎達疏　唐陸德明音義　校勘記六十三卷

附釋音春秋左傳注疏六十卷　晉杜預注　唐孔穎達疏　唐陸德明音義　校勘記六十卷

監本附音春秋公羊注疏二十八卷　漢何休注　唐徐彥疏　唐陸德明音義　校勘記二十八卷

監本附音春秋穀梁注疏二十卷　晉范甯集解　唐楊士勛疏　唐陸德明音義　校勘記二十卷

論語注疏解經二十卷　魏何晏集解　宋邢昺疏　校勘記二十卷

孝經注疏九卷　唐玄宗李隆基注　宋邢昺疏　校勘記九卷

爾雅注疏十卷　晉郭璞注　宋邢昺疏　校勘記十卷

孟子注疏解經十四卷　漢趙岐注　題宋孫奭疏　校勘記十四卷

十行十八字　小字雙行二十四字　左右雙邊黑口

17.6×12.9釐米

浙大

經0016

通志堂經解一千八百六十卷

清成德編

清康熙(1662—1722)通志堂刻本

易

子夏易傳十一卷

易數鉤隱圖三卷遺論九事一卷　宋劉牧撰

橫渠先生易説三卷　宋張載撰

易學一卷　宋王湜撰

紫巖居士易傳十卷　宋張浚撰

漢上易傳十一卷周易卦圖三卷周易叢説一卷　宋朱震撰

易璇璣三卷　宋吳沆撰

周易義海撮要十二卷　宋李衡撰

易小傳六卷　宋沈該撰

復齋易説六卷　宋建德趙彥肅撰

古周易一卷　宋金華呂祖謙等輯

童溪王先生易傳三十卷　宋王宗傳撰

易裨傳一卷外篇一卷　宋林至撰

易圖説三卷　宋吳仁傑撰

易學啓蒙通釋二卷圖一卷　宋胡方平撰

周易玩辭十六卷　宋項安世撰

東谷鄭先生易翼傳二卷　宋處州鄭汝諧撰

三易備遺十卷　宋朱元昇撰

丙子學易編一卷　宋李心傳撰

易學啓蒙小傳一卷古經傳一卷　宋税與權撰

水村易鏡一卷　宋林光世撰

晦庵先生朱文公易説二十三卷　宋朱鑑輯

大易緝説十卷　元王申子撰

周易輯聞六卷易雅一卷筮宗一卷　宋鄞縣趙汝楳撰

周易傳義附錄十四卷首一卷　宋臨海董楷撰

學易記九卷首一卷　元寧海李簡撰

讀易私言一卷　元許衡撰

俞氏易集説十三卷　元俞琰撰

周易本義附錄纂註十五卷　元胡一桂撰

周易發明啓蒙翼傳三卷外篇一卷　元胡一桂撰

周易本義通釋十二卷輯錄雲峰文集易義一卷　元胡炳文撰

易纂言十二卷首一卷　元吳澄撰

周易本義集成十二卷首一卷　元熊良輔

春秋師説三卷附錄二卷　元趙汸撰

春秋左氏傳補注十卷　元趙汸撰

春秋諸傳會通二十四卷首一卷　元李廉撰

春秋集傳釋義大成十二卷首一卷　元俞皋撰

清全齋讀春秋編十二卷　元吳興陳深撰

春秋春王正月考一卷辨疑一卷　明張以寧撰

三禮

新定三禮圖二十卷　宋聶崇義集注

東巖周禮訂義八十卷首一卷　宋王與之撰

鬳齋考工記解二卷　宋林希逸撰

儀禮圖十七卷旁通圖一卷　宋楊復撰附儀禮本經十七卷

禮記集説一百六十卷　宋衛湜撰

禮經會元四卷　宋錢塘葉時撰

太平經國之書十一卷首一卷　宋永嘉鄭伯謙撰

夏小正戴氏傳四卷　宋山陰傅崧卿注

儀禮集説十七卷　元烏程敖繼公撰

儀禮逸經傳一卷　元吳澄撰

經禮補逸九卷附錄一卷　元汪克寬撰

禮記陳氏集説補正三十八卷　清成德撰

孝經

孝經注解一卷　唐玄宗李隆基注　宋司馬光指解　宋范祖禹説

孝經大義一卷　元董鼎撰

孝經一卷　元吳澄校定

晦菴先生所定古文孝經句解一卷　元朱申撰

論語

南軒先生論語解十卷　宋張栻撰

論語集説十卷　宋蔡節撰

孟子

南軒先生孟子説七卷　宋張栻撰

孟子集疏十四卷　宋蔡模撰

孟子音義二卷　宋孫奭撰

四書

大學纂疏一卷中庸纂疏一卷論語纂疏十卷孟子纂疏十四卷　宋縉雲趙順孫撰

大學集編一卷中庸集編一卷論語集編十卷孟子集編十四卷　宋真德秀撰

大學通一卷中庸通一卷論語通十卷孟子通十四卷　元胡炳文撰

大學章句或問通證一卷中庸章句或問證一卷論語集註通證二卷孟子集註通證二卷　元張存中撰

大學章句纂箋一卷大學或問纂箋一卷中庸章句纂箋一卷中庸或問纂箋一卷論語集註纂箋十卷孟子集註纂箋十四卷　元詹道傳撰

四書通旨六卷　元朱公遷撰

四書辨疑十五卷　元陳天祥撰

大學集説啓蒙一卷中庸集説啓蒙一卷　元景星撰

總經解

經典釋文三十卷　唐陸德明撰

公是先生七經小傳三卷　宋劉敞撰

六經奧論六卷首一卷　宋鄭樵撰

六經正誤六卷　宋江山毛居正撰

熊先生經説七卷　元熊朋來撰

十一經問對五卷　元何異孫撰

五經蠡測六卷　明蔣悌生撰

十一行二十字　左右雙邊　白口

19.9×15.1釐米

浙圖　溫圖＊　上虞圖＊　玉海樓＊

經 0017

公是先生遺書三十七卷

宋劉敞撰

清乾隆十六年(1751)水西劉氏刻本

春秋權衡十七卷

春秋傳十五卷

春秋意林二卷

七經小傳三卷

十行二十一字　左右雙邊　白口　版心下鐫

"水西劉氏藏板"

18.6×13.5釐米

浙圖　溫圖＊　嘉圖

經 0018

兩蘇經解六十四卷

明焦竑編

明萬曆二十五年(1597)畢氏刻本

　　東坡先生易傳九卷　宋蘇軾撰

　　東坡先生書傳二十卷　宋蘇軾撰

　　潁濱先生詩集傳十九卷　宋蘇轍撰

　　潁濱先生春秋集解十二卷　宋蘇轍撰

　　論語拾遺一卷　宋蘇轍撰

　　孟子解一卷　宋蘇轍撰

　　潁濱先生道德經解二卷　宋蘇轍撰

　十行二十一字　左右雙邊　白口

　22.5×15.2 釐米

浙圖＊　天一閣＊　浙大

經 0019

兩蘇經解六十四卷

明焦竑編

明萬曆三十九年(1611)顧氏刻本

　　東坡先生易傳九卷　宋蘇軾撰

　　東坡先生書傳二十卷　宋蘇軾撰

　　潁濱先生詩集傳十九卷　宋蘇轍撰

　　潁濱先生春秋集解十二卷　宋蘇轍撰

　　論語拾遺一卷　宋蘇轍撰

　　孟子解一卷　宋蘇轍撰

　　老子道德經解二卷　宋蘇轍撰

　十行二十一字　左右雙邊　白口

　22.6×15.3 釐米

浙圖　天一閣＊

經 0020

續經解四百八卷

清顧氏藝海樓抄本

　　易學辨惑一卷　宋邵伯溫撰

　　讀易詳說十卷　宋上虞李光撰

　　周易窺餘十五卷　宋金華鄭剛中撰

　　易變體義十二卷　宋都絜撰

　　厚齋易學五十卷附錄二卷　宋馮椅撰

　　周易詳解十六卷　宋李杞撰

　　易纂言外翼八卷　元吳澄撰

　　易精蘊大義十二卷　元解蒙撰

　　易學變通六卷　元曾貫撰

　　尚書精義五十卷　宋黃倫撰

　　慈湖詩傳二十卷　宋慈溪楊簡撰

　　毛詩講義十二卷　宋林岊撰

　　周官新義十六卷附考工記解二卷　宋王安石撰

　　周官總義三十卷　宋易祓撰

　　周官集傳十六卷　元毛應龍撰

　　春秋左傳讞十卷　宋烏程葉夢得撰

　　左氏傳續説十二卷　宋金華呂祖謙撰

　　春秋經解十二卷附錄一卷　宋崔子方撰

　　春秋通訓六卷　宋吳興張大亨撰

　　春秋集義五十卷綱領三卷　宋李明復撰

　　三傳辨疑二十卷　元鄞縣程端學撰

　　春秋公羊傳讞六卷　宋烏程葉夢得撰

　　春秋穀梁傳讞六卷　宋烏程葉夢得撰

　　蒙齋中庸講義四卷　宋袁甫撰

　八行二十一字　四周雙邊　白口　版心下鐫"藝海樓"

　22.1×13.7 釐米

浙圖

經 0021

檀孟批點四卷

明謝東山校正

明刻本

　　檀弓二卷　宋謝枋得批點　明楊慎附注

　　孟子二卷　宋蘇洵批點

　兩欄　下欄八行二十字　四周雙邊　白口

　21.3×15.6 釐米

杭圖

經 0022

涇野先生五經説二十一卷

明呂柟撰

明嘉靖三十二年(1553)謝少南刻本

　　涇野先生周易説翼三卷

　　涇野先生尚書説要五卷

　　涇野先生毛詩説序六卷

　　涇野先生禮問二卷

　　涇野先生春秋説志五卷

　十行二十字　四周雙邊　白口

　17.7×13.2 釐米

天一閣

經 0023

十三經解詁六十四卷

明吳興陳深撰

明萬曆(1573—1620)刻本

周易二卷繫辭一卷

尚書三卷

毛詩四卷

周禮六卷

儀禮四卷

禮記十卷

左傳十八卷

公羊傳四卷

穀梁傳四卷

論語二卷

孝經一卷

爾雅三卷

孟子二卷

九行十八字　四周單邊　白口

21.8×14.8 釐米

浙圖

經 0024

五經疑問六十卷

明烏程姚舜牧撰

明萬曆(1573—1620)六經堂刻本

存十三卷

重訂易經疑問十二卷　存一卷　五

重訂禮記疑問十二卷

十行二十字　四周單邊　白口

20.8×12.6 釐米

天一閣

經 0025

五經疑問六十卷

明烏程姚舜牧撰

明萬曆(1573—1620)六經堂刻清順治重

修本〔春秋疑問配明萬曆刻本〕

存三十六卷

重訂易經疑問十二卷

重訂詩經疑問十二卷

春秋疑問十二卷

浙圖

經 0026

經言枝指九十九卷

明陳禹謨撰

明萬曆(1573—1620)刻本

存二十四卷

漢詁籑十九卷

引經釋五卷

十一行二十二字　左右雙邊　白口

20.1×14.3 釐米

浙圖 *　杭圖 *

經 0027

六經三註粹抄六卷

明許順義輯

明萬曆十八年(1590)萃慶堂余泗泉刻本

易經三註粹抄一卷

書經三註粹抄一卷

詩經三註粹抄一卷

周禮三註粹抄一卷

禮記三註粹抄一卷

春秋三註粹抄一卷

十一行二十八字　四周雙邊　白口

21×12.8 釐米

浙圖

經 0028

三經評注六卷

明萬曆(1573—1620)閔齊伋刻套印本

考工記二卷　明郭正域批點　朱墨套印

檀弓二卷　宋謝枋得批點　明楊慎附註

萬曆四十四年(1616)刻朱墨套印

孟子二卷　題宋蘇洵批點　萬曆四十五年

(1617)刻三色套印

八行十八字　左右雙邊　白口

20.3×15.2 釐米

浙圖　杭圖 *　天一閣 *

總類

經 0029
石齋先生經傳九種五十六卷
　明黃道周撰
　清康熙三十二年(1693)鄭開極刻本
　　孝經集傳四卷
　　易象正十二卷初二卷終二卷
　　三易洞璣十六卷
　　　宓圖經緯三卷
　　　文圖經緯三卷
　　　孔圖經緯三卷
　　　雜圖經緯三卷
　　　餘圖總經餘圖總緯一卷
　　　貞圖經緯三卷
　　洪範明義四卷
　　表記集傳二卷春秋表記問業一卷
　　坊記集傳二卷坊記春秋問業一卷
　　月令明義四卷
　　緇衣集傳四卷
　　儒行集傳二卷
　　九行十八字　左右雙邊　白口
　　20.1×14.6釐米
浙圖　浙大

經 0030
讀七經略記九十四卷
　清海寧朱朝瑛撰
　清抄本　清方德驥題款
　　讀易略記四卷
　　讀尚書略記三卷
　　讀詩略記五卷
　　讀周禮略記六卷
　　讀儀禮略記十七卷
　　讀禮記略記四十五卷
　　讀三禮略記一卷
　　讀春秋略記十三卷
浙圖

經 0031
來子談經十八卷
　清蕭山來集之撰
　清順治(1644—1661)來氏倘湖小築刻本

存十四卷
　　易圖親見一卷
　　春秋志在十二卷
　　四傳權衡一卷
　　九行十八字　四周單邊　白口　版心下鐫“倘
　　湖小築”
　　18.1×13.9釐米
浙圖　杭圖*　天一閣*

經 0032
皇清經解一千四百八卷
　清阮元編
　清道光九年(1829)廣東學海堂刻咸豐十
　一年(1861)補刻本　清瑞安孫詒讓批
存一千二百十四卷
　　左傳杜解補正三卷　清顧炎武撰
　　音論一卷　清顧炎武撰
　　易音三卷　清顧炎武撰
　　詩本音十卷　清顧炎武撰
　　日知錄二卷　清顧炎武撰
　　四書釋地一卷續一卷又續一卷三續一卷
　　　清閻若璩撰
　　孟子生卒年月考一卷　清閻若璩撰
　　潛邱劄記二卷　清閻若璩撰
　　禹貢錐指二十一卷　清德清胡渭撰　存十
　　　六卷　四至十一　十四下至二十一
　　學禮質疑二卷　清鄞縣萬斯大撰
　　學春秋隨筆十卷　清鄞縣萬斯大撰
　　毛詩稽古編三十卷　清陳啓源撰
　　仲氏易三十卷　清蕭山毛奇齡撰
　　春秋毛氏傳三十六卷　清蕭山毛奇齡撰
　　　存三十一卷　一至六　十二至三十六
　　春秋簡書刊誤二卷　清蕭山毛奇齡撰
　　春秋屬辭比事記四卷　清蕭山毛奇齡撰
　　經問十五卷　清蕭山毛奇齡撰
　　論語稽求篇七卷　清蕭山毛奇齡撰
　　四書賸言六卷　清蕭山毛奇齡撰
　　詩說三卷附錄一卷　清惠周惕撰
　　湛園劄記一卷　清慈溪姜宸英撰
　　經義雜記十卷　清臧琳撰　存六卷　一至
　　　六
　　解春集二卷　清馮景撰

尚書地理今釋一卷　清蔣廷錫撰

禮說十四卷　清惠士奇撰

春秋說十五卷　清惠士奇撰　存十二卷
　　一至十二

周禮疑義舉要七卷　清江永撰

深衣考誤一卷　清江永撰

春秋地理考實四卷　清江永撰

群經補義五卷　清江永撰

鄉黨圖考十卷　清江永撰　存五卷　一至
　　五

儀禮章句十七卷　清錢塘吳廷華撰　存十
　　三卷　五至十七

觀象授時十四卷　清秦蕙田撰

經史問答七卷　清鄞縣全祖望撰

質疑一卷　清仁和杭世駿撰

注疏考證六卷　清天台齊召南撰

　　尚書注疏考證一卷

　　禮記注疏考證一卷

　　春秋左傳注疏考證二卷

　　春秋公羊傳注疏考證一卷

　　春秋穀梁傳注疏考證一卷

周官祿田考三卷　清沈彤撰

尚書小疏一卷　清沈彤撰

儀禮小疏八卷　清沈彤撰

春秋左傳小疏一卷　清沈彤撰

果堂集一卷　清沈彤撰

周易述二十一卷　清惠棟撰

古文尚書考二卷　清惠棟撰

春秋左傳補註六卷　清惠棟撰

九經古義十六卷　清惠棟撰

春秋正辭十一卷舉例一卷要指一卷　清莊
　　存與撰

鍾山札記一卷　清仁和盧文弨撰

龍城札記一卷　清仁和盧文弨撰

尚書集注音疏十二卷末一卷外編一卷　清
　　江聲撰　存八卷　一　八至十四

尚書後案三十一卷　清王鳴盛撰　存三十
　　卷　二至三十一

周禮軍賦說四卷　清王鳴盛撰　存三卷
　　一至二　三上

十駕齋養新錄三卷餘錄一卷　清錢大昕撰

潛研堂文集六卷　清錢大昕撰　存一卷
　　一

四書考異三十六卷　清仁和翟灝撰　存三
　　十卷　七至三十六

尚書釋天六卷　清秀水盛百二撰

讀書脞錄二卷續編二卷　清仁和孫志祖撰

弁服釋例八卷　清任大椿撰

釋繒一卷　清任大椿撰

爾雅正義二十卷　清餘姚邵晉涵撰

宗法小記一卷　清程瑤田撰

儀禮喪服文足徵記十卷　清程瑤田撰

釋宮小記一卷　清程瑤田撰

考工創物小記四卷　清程瑤田撰

磬折古義一卷　清程瑤田撰

溝洫疆理小記一卷　清程瑤田撰

禹貢三江考三卷　清程瑤田撰

水地小記一卷　清程瑤田撰

解字小記一卷　清程瑤田撰

聲律小記一卷　清程瑤田撰

九穀考四卷　清程瑤田撰

釋草小記一卷　清程瑤田撰

釋蟲小記一卷　清程瑤田撰

戴東原集二卷　清戴震撰

古文尚書撰異三十三卷　清段玉裁撰　存
　　二十一卷　一　四　十五至三十三

毛詩故訓傳三十卷　清段玉裁訂　存十七
　　卷　一至七　二十一至三十

詩經小學四卷　清段玉裁撰

周禮漢讀考六卷　清段玉裁撰

儀禮漢讀考一卷　清段玉裁撰

說文解字注十五卷　清段玉裁撰　存十二
　　卷　一至四　六至十　十三至十五

經韻樓集六卷　清段玉裁撰

廣雅疏證十卷　清王念孫撰　存八卷　一
　　至五　八至十

讀書雜志二卷　清王念孫撰

春秋公羊通義十二卷敘一卷　清孔廣森撰
　　存八卷　一至八

禮學卮言六卷　清孔廣森撰

大戴禮記補注十三卷　清孔廣森撰

經學卮言六卷　清孔廣森撰

溉亭述古錄二卷　清錢塘撰

群經識小八卷　清李惇撰　存五卷　一至
　　五

經讀考異八卷　清武億撰

經書算學天文攷一卷　清陳懋齡撰

四書釋地辨證二卷　清宋翔鳳撰

毛詩紬義二十四卷　清李黼平撰　存十八

　卷　一至七　十四至二十四

公羊禮説一卷　清凌曙撰

禮説四卷　清凌曙撰

孝經義疏一卷　清阮福撰

經傳攷證八卷　清朱彬撰

甓齋遺稿一卷　清劉玉麐撰

説緯一卷　清王崧撰

經義叢鈔三十卷　清錢塘嚴杰輯　存二十

　六卷　一至二十六

國朝石經攷異一卷　清嘉興馮登府撰

漢石經攷異一卷　清嘉興馮登府撰

魏石經攷異一卷　清嘉興馮登府撰

唐石經攷異一卷　清嘉興馮登府撰

蜀石經攷異一卷　清嘉興馮登府撰

北宋石經攷異一卷　清嘉興馮登府撰

三家詩異文疏證二卷　清嘉興馮登府撰

十一行二十四字　左右雙邊　白口

18.8×13.8 釐米

溫圖

經0033

萬充宗先生經學五書十九卷

　清鄞縣萬斯大撰

　清乾隆二十四年至二十六年（1759—

　1761）辨志堂刻本

　　學禮質疑二卷

　　禮記偶箋三卷

　　儀禮商二卷附錄一卷

　　周官辨非一卷

　　學春秋隨筆十卷

　十一行二十一字　左右雙邊　黑口

　18.5×13.1 釐米

浙圖　寧圖　溫圖　玉海樓　浙大

經0034

一經樓重訂五經體註□□卷

　清雍正八年（1730）一經樓刻本

　存十四卷

　　易經體註四卷　清蕭山來爾繩纂輯

書經體註大全合參六卷　清錢希祥纂輯

禮記體註大全四卷　清錢塘曹士瑋纂輯

兩欄　行數字數不一　左右雙邊　白口

24×14.1 釐米，易經23.7×15.2 釐米

社科院

經0035

九經補注八十八卷附八卷

　清姜兆錫撰

　清雍正乾隆間（1723—1795）寅清樓刻本

　存九經補注八十二卷附八卷

　　書經蔡傳參義六卷　雍正十二年（1734）刻

　　周禮輯義十二卷　雍正九年（1731）刻

　　儀禮經傳註疏參義内編二十三卷外編五卷

　　　首一卷　乾隆元年（1736）刻

　　禮記章義十卷　雍正十年（1732）刻

　　春秋胡傳參義十二卷　雍正元年（1723）刻

　　春秋公羊穀梁諸傳彙義十二卷　乾隆五年

　　　（1740）刻

　　孝經本義一卷　雍正元年（1723）刻

　　附　周易本義述蘊四卷　乾隆十四年

　　　（1749）刻

　　　詩經集傳述蘊四卷　乾隆九年（1744）

　　　刻

　十行二十五字　四周單邊　白口　部分書葉

　版心下鐫"寅清樓"

　19.6×15.2 釐米

浙圖

經0036

省吾堂四種二十五卷

　清蔣光弼編

　清乾隆（1736—1795）蔣氏省吾堂刻本

　　九經古義十六卷　清惠棟撰

　　周易本義辯證五卷　清惠棟撰

　　五經同異三卷　清顧炎武撰

　　石經考一卷　清鄞縣萬斯同撰

　十行二十一字　左右雙邊　黑口　版心下鐫

　"省吾堂"

　18×13.2 釐米

浙圖　溫圖*　上虞圖

經 0037

通藝錄四十八卷

清程瑤田撰

清嘉慶八年（1803）刻本

論學小記三卷

論學外篇二卷

宗法小記一卷

儀禮喪服文足徵記十卷

釋宮小記一卷

考工創物小記八卷

磬折古義一卷

溝洫疆理小記一卷

禹貢三江考三卷

水地小記一卷

解字小記一卷

聲律小記一卷

九穀考四卷

釋草小記二卷

讀書求解一卷

數度小記一卷

九勢碎事一卷

釋蟲小記一卷

修辭餘鈔一卷

讓堂亦政錄一卷嘉定贈別詩文附錄一卷

樂器三事能言一卷補編一卷

十行二十一字　小字雙行三十一字　左右雙邊

白口

18.8×14.1 釐米

浙圖　溫圖

經 0038

錢氏四種八卷附十經文字通正書十四卷

清錢坫撰

清乾隆四十二年至四十九年（1777—
1784）刻嘉慶二年（1797）文章大吉樓
增刻本

詩音表一卷

車制攷一卷

爾雅釋地四篇注一卷

論語後錄五卷

十經文字通正書十四卷　清嘉慶二年
（1797）文章大吉樓刻

行款、尺寸不一

浙圖　溫圖

經 0039

五經揭要二十五卷

清周蕙田編

清乾隆五十三年至五十九年（1788—
1794）自怡軒刻本

存五卷

詩經揭要四卷　乾隆五十四年（1789）刻

禮記揭要六卷　乾隆五十七年（1792）刻

存一卷　一

兩欄　上欄十八行十一字　下欄九行二十一字

左右雙邊　白口

詩經 19×12 釐米

禮記 19.8×12.2 釐米

嵊州圖

經 0040

關氏經學五書十二卷

清仁和關涵撰

清乾隆五十三年至五十四年（1788—
1789）濯秀書堂刻本

存十卷

尚書纂義四卷

禹貢指掌一卷

春秋通論四卷

孟子辨似一卷

九行二十三字　左右雙邊　白口

20×12 釐米

衢博

經 0041

關氏經學五書十二卷

清仁和關涵撰

清嘉慶十三年（1808）關炳刻本

尚書纂義四卷

禹貢指掌一卷

春秋通論四卷總綱一卷

中庸輯要一卷

孟子辨似一卷

九行二十三字　左右雙邊　白口

20×12.5 釐米

浙圖

經 0042

七經精義三十七卷

清武林黃淦撰

清嘉慶（1796—1820）尊德堂刻本

周易精義四卷首一卷　嘉慶九年（1804）刻

書經精義四卷首一卷末一卷

詩經精義四卷首一卷末一卷　嘉慶七年
（1802）刻

周禮精義六卷首一卷　嘉慶十二年（1807）
刻

儀禮精義不分卷補編一卷

禮記精義六卷首一卷　嘉慶八年（1803）刻

春秋精義四卷首一卷

九行二十字　四周雙邊　白口

18.4×12.5 釐米

浙圖

經 0043

西夏經義十四卷

清何志高撰

清道光十八年（1838）刻光緒南浦三墊邱
印本

易經本意四卷首一卷末一卷

釋書一卷附釋禮

釋詩一卷

春秋大傳補説四卷

大象一卷

穀語一卷

九行二十四字　四周雙邊　白口

20.5×13.6 釐米

浙圖

經 0044

西園叢稿四卷

清殷欽坤撰

稿本　清鄞縣徐時棟跋

易大傳管窺一卷

孝經訂誤一卷

大學釋疑錄一卷

中庸闡微説一卷

天一閣

易類

經 0045

漢魏二十一家易注三十四卷

清平湖孫堂輯

清嘉慶四年（1799）孫氏映雪艸堂刻本

子夏易傳一卷

孟喜周易章句一卷　漢孟喜撰

京房周易章句一卷　漢京房撰

馬融周易傳一卷　漢馬融撰

荀爽周易注一卷　漢荀爽撰

鄭康成周易注三卷補遺一卷　漢鄭玄撰
宋鄞縣王應麟輯

劉表周易章句一卷　漢劉表撰

宋衷周易注一卷　漢宋衷撰

陸績周易述一卷　吳陸績撰

董遇周易章句一卷　魏董遇撰

虞翻周易注十卷附錄一卷　吳餘姚虞翻撰

王肅周易注一卷　魏王肅撰

姚信周易注一卷　吳吳興姚信撰

王廙周易注一卷　晉王廙撰

張璠周易集解一卷　晉張璠撰

向秀周易義一卷　晉向秀撰

干寶周易注一卷　晉海鹽干寶撰

蜀才周易注一卷　晉范長生撰

翟元周易義一卷　□翟玄撰

九家周易集注一卷

劉瓛周易義疏一卷　南齊劉瓛撰

十行十九字　左右雙邊　黑口

18×13.2 釐米

浙圖　溫圖

經 0046

易學六種二十九卷

清蕭山汪氏環碧山房抄本　清蕭山汪繼
培校

陸氏易解一卷　吳陸績撰

干氏易傳三卷　晉海鹽干寶撰

易學濫觴一卷　元黃澤撰

周易口訣義六卷　唐史徵撰

吳園周易解九卷附錄一卷　宋張根撰

易原八卷　宋程大昌撰

十二行十八字　左右雙邊　白口　版心下鐫
"環碧山房"

20.2×14.6 釐米

浙圖

經 0047

春水船易學七卷

清嘉興方本恭撰

清嘉慶三年(1798)刻本

象數述四卷

內經述一卷

算術述一卷

等子述一卷

八行十九字　左右雙邊　黑口

19.5×13.5 釐米

浙圖

經 0048

周易一卷

明嘉靖三十一年(1552)翁溥刻五經正文
本

九行十七字　四周雙邊　白口

20×14.5 釐米

浙博

經 0049

京氏易傳三卷

漢京房撰　吳陸績注

明范氏天一閣刻范氏奇書本　佚名校

九行十八字　左右雙邊　白口

20.5×14.8 釐米

浙圖

經 0050

周易鄭注十二卷

漢鄭玄注　宋鄞縣王應麟輯

敘錄一卷

清臧庸撰

清嘉慶(1796—1820)陳春刻湖海樓叢書
本　象山陳漢章批校

存七卷　一至七

十行二十字　左右雙邊　黑口　版心下鐫"湖
海樓雕本"

17.6×13.5 釐米

浙圖

經 0051

鄭氏周易三卷

漢鄭玄注　宋鄞縣王應麟輯　清惠棟增
補

清乾隆二十一年(1756)盧見曾刻雅雨堂
叢書本　蕭山單丕校並錄清海寧陳鱣
等諸家批校

十行二十一字　四周單邊　白口　版心下鐫
"雅雨堂"

17.8×14.1 釐米

浙圖

經 0052

周易兼義九卷

魏王弼、晉韓康伯注　唐孔穎達疏

明嘉靖(1522—1566)李元陽刻十三經註
疏本　清山陰何士祁跋

存二卷　一至二

九行二十一字　四周單邊　白口

20×13.3 釐米

天一閣

經 0053

干常侍易注疏證二卷

清瑞安方成珪撰

稿本　清瑞安孫詒讓校並跋

九行二十四字　四周雙邊　白口

19.8×11.7 釐米

溫圖

經 0054

干常侍易注疏證一卷集證一卷

清瑞安方成珪撰

清光緒七年(1881)孫氏抄本　清瑞安孫
詒讓校並跋

十二行二十四字　左右雙邊　白口

17.1×11.9釐米

浙大

經 0055

周易集解十七卷

唐李鼎祚撰

明末毛氏汲古閣刻津逮祕書本　清海寧
吳騫、海寧陳鱣、黃丕烈批校並跋

九行十九字　左右雙邊　白口　版心下鐫"汲
古閣"

19×14釐米

浙博

經 0056

周易口訣義六卷

唐史徵撰

清抄本

浙圖

經 0057

橫渠先生易説三卷

宋張載撰

明刻本

存一卷　下經

十行二十字　左右雙邊　白口

18.4×13.7釐米

天一閣

經 0058

蘇氏易傳九卷

宋蘇軾撰

明抄本

九行二十一字　四周單邊　白口

18.6×14釐米

浙圖

經 0059

蘇氏易解八卷

宋蘇軾撰

明萬曆二十二年(1594)冰玉堂刻本

八行十七字　左右雙邊　白口　版心下鐫"冰
玉堂"

20×14.3釐米

浙圖　天一閣

經 0060

蘇長公易解八卷

宋蘇軾撰

明萬曆二十四年(1596)吳之鯨刻本

九行十九字　左右雙邊　白口

21.5×15釐米

浙圖＊　浙大

經 0061

易傳八卷

宋蘇軾撰

王輔嗣論易一卷

魏王弼撰

明閔齊伋刻朱墨套印本

八行十八字　四周單邊　白口

20.1×14.7釐米

浙圖　溫圖　浙大

經 0062

大易疏解九卷

宋蘇軾撰

明崇禎九年(1636)顧賓刻本

九行二十字　四周單邊　白口　眉上鐫評

20.2×13.9釐米

浙圖

經 0063

周易經傳集解三十六卷

宋林栗撰

清抄本

浙圖

經 0064

周易本義十二卷易圖一卷五贊一卷筮儀一卷

宋朱熹撰

清康熙（1662—1722）内府刻本

六行十五字　左右雙邊　白口

24.2×16.8 釐米

溫圖

經 0065

周易本義十二卷易學啓蒙四卷首一卷

宋朱熹撰

清雍正十二年（1734）榮寶堂刻本

九行十九字　四周單邊　白口

19.4×13.3 釐米

浙圖

經 0066

周易本義四卷圖説一卷卦歌一卷筮儀一卷

宋朱熹撰

清康熙十年（1671）朱錫旂崇道堂刻五經

四書本　佚名批注

十一行二十三字　左右雙邊　白口　版心下鐫

"崇道堂鐫"

20.4×14.7 釐米

浙圖

經 0067

周易傳義十卷

宋程頤、朱熹撰

上下篇義一卷

宋程頤撰

易圖集錄一卷易五贊一卷筮儀一卷

宋朱熹撰

易説綱領一卷

宋程頤、朱熹撰

明正統十二年（1447）司禮監刻本

八行十四字　四周雙邊　黑口

23.1×16.6 釐米

浙圖　天一閣＊

經 0068

周易傳義十卷

宋程頤、朱熹撰

上下篇義一卷

宋程頤撰

易圖集錄一卷易五贊一卷筮儀一卷

宋朱熹撰

易説綱領一卷

宋程頤、朱熹撰

明刻本

八行十四字　四周雙邊　黑口

22.4×16.5 釐米

天一閣＊　玉海樓　浙大

經 0069

周易傳義十卷

宋程頤、朱熹撰

上下篇義一卷

宋程頤撰

易圖集錄一卷易五贊一卷筮儀一卷

宋朱熹撰

明刻本

存四卷　三至四　九至十

八行十四字　四周雙邊　黑口

20.5×15.5 釐米

餘杭圖

經 0070

周易程朱先生傳義十九卷

宋程頤、朱熹撰

明刻本

存十四卷　一至三　八至十五　繫辭傳義

上　序卦傳義一卷　説卦傳義一卷

十行二十二字　左右雙邊　黑口

24.3×18 釐米

天一閣

經 0071

周易經傳傳義二十四卷

宋程頤、朱熹撰

明刻本

存九卷　十三至十八　二十二至二十四

　九行十七字　四周雙邊　黑口

　21.5×13.7 釐米

天一閣

經 0072

周易程朱傳義二十四卷

宋程頤、朱熹撰

上下篇義一卷

宋程頤撰

周易朱子圖説一卷周易五贊一卷筮儀一卷

宋朱熹撰

　明嘉靖(1522—1566)刻本

　九行十七字　左右雙邊　白口　有眉欄

　20.2×14.4 釐米

浙圖

經 0073

周易程朱傳義二十四卷

宋程頤、朱熹撰

上下篇義一卷

宋程頤撰

周易朱子圖説一卷周易五贊一卷筮儀一卷

宋朱熹撰

明刻本

　九行十七字　左右雙邊　白口　有眉欄

　19.6×14.2 釐米

紹圖

經 0074

周易程朱傳義二十四卷

宋程頤、朱熹撰

上下篇義一卷

宋程頤撰

周易朱子圖説一卷周易五贊一卷筮儀一卷

宋朱熹撰

　明萬曆(1573—1620)陳允升刻本

　九行十七字　左右雙邊　白口　有眉欄

　20×14.2 釐米

浙圖

經 0075

周易傳義二十四卷

宋程頤、朱熹撰

上下篇義一卷

宋程頤撰

周易朱子圖説一卷周易五贊一卷筮儀一卷

宋朱熹撰

　明崇禎四年(1631)汪應魁貽經堂刻本

　九行十八字　四周雙邊　白口

　21.3×14.8 釐米

浙圖

經 0076

周易傳義二十四卷

宋程頤、朱熹撰

周易朱子圖説一卷筮儀一卷

宋朱熹撰

　明崇禎十三年(1640)周中度刻本　清佚

　　名批注

　九行十八字　四周單邊　白口

　20.2×13.8 釐米

平湖圖

經 0077

周易義海撮要十二卷

宋李衡撰

明抄本

存二卷　一至二

　九行二十一字　四周單邊　白口

　20.5×14.6 釐米

天一閣

經 0078

楊氏易傳二十卷

宋慈溪楊簡撰

易類

明萬曆二十三年(1595)劉日升、陳道亨
　刻本
十行二十二字　四周雙邊　白口
21.5×15.2釐米
浙圖　紹圖　天一閣

經0079
誠齋易傳二十卷
宋楊萬里撰
清道光十一年(1831)葉元墀刻本　佚名
　批校
九行二十一字　左右雙邊　白口
18.3×13.5釐米
浙圖

經0080
古易音訓三卷
宋金華呂祖謙撰　清仁和宋咸熙輯
清嘉慶七年(1802)刻本
十行二十一字　左右雙邊　黑口
17.9×13.5釐米
浙圖

經0081
童溪王先生易傳三十卷
宋王宗傳撰
明抄本
十一行二十一字　四周單邊　白口
21.5×16.3釐米
天一閣

經0082
周易要義十卷
宋魏了翁撰
明抄本
缺四卷　三至六
十一行字數不一　四周單邊　白口
21.5×15.5釐米
天一閣

經0083
易學啓蒙通釋二卷圖一卷
宋胡方平撰
清嘉慶十七年(1812)慶餘堂刻本　清瑞
　安孫衣言校並跋
九行十九字　左右雙邊　白口　版心下鐫“慶
　餘堂”
19.2×13.7釐米
浙大

經0084
周易本義啓蒙翼傳四卷
元胡一桂撰
元刻本
存三卷　上篇　下篇　外篇
十一行二十一字　左右雙邊　白口
19.3×13.6釐米
天一閣

經0085
周易程朱傳義折衷三十三卷
元趙采撰
清陳氏運甓齋抄本　清陳勵跋
天一閣

經0086
易經旁訓三卷
元李恕撰
明萬曆二十三年(1595)鄭汝璧、田疇等
　刻五經旁訓本　清翁方綱圈點　清海
　鹽徐同柏跋
七行二十字　左右雙邊　白口
21.8×15.5釐米
海寧圖

經0087
易經旁訓三卷
元李恕撰
明崇禎(1628—1644)刻本
八行二十二字　四周單邊　白口

21.3×12.5 釐米

衢博

經 0088

周易圖説二卷

元湖州錢義方撰

清抄本

浙大

經 0089

周易傳義大全二十四卷上下篇義一卷周易朱子圖説一卷易五贊一卷筮儀一卷易説綱領一卷

明胡廣等輯

明内府刻本

十行二十二字　四周雙邊　黑口

26.8×18 釐米

浙圖　天一閣　浙大

經 0090

周易傳義大全二十四卷上下篇義一卷周易朱子圖説一卷易五贊一卷筮儀一卷易説綱領一卷

明胡廣等輯

明刻本

十行二十二字　四周雙邊　黑口

26.5×18 釐米

浙圖

經 0091

周易傳義大全二十四卷綱領一卷朱子圖説一卷

明胡廣等輯

明正德十二年(1517)楊氏清江堂刻嘉靖四年(1525)重修本

十一行二十一字　四周雙邊　黑口

臨海博

經 0092

周易傳義大全二十四卷綱領一卷朱子圖説一卷

明胡廣等輯

明嘉靖十五年(1536)劉氏安正堂刻本

存二卷　綱領　朱子圖説

十一行二十一字　四周雙邊　黑口

16×12.4 釐米

天一閣

經 0093

周易傳義大全二十四卷

明胡廣等輯

易經彙徵二十四卷

明劉庚撰

明崇禎(1628—1644)刻本

兩欄　下欄九行十八字　上欄十二行十三字　四周雙邊　白口

21.5×12.6 釐米

杭圖

經 0094

周會魁校正易經大全二十卷首一卷

明胡廣等輯　明周士顯校正

明萬曆三十三年(1605)書林余氏刻本

兩欄　下欄十行或十一行大字十六字小字二十字　四周雙邊　下黑口

23.7×14 釐米

浙圖

經 0095

重訂蔡虛齋先生易經蒙引十二卷

明蔡清撰　明宋兆禴重訂

明末刻本

九行二十六字　四周單邊　白口

21.4×12.4 釐米

浙圖

經 0096

蔡虛齋先生易經蒙引二十四卷

明蔡清撰　明錢塘葛寅亮評

明末刻本〔卷二十一至二十二配抄本〕

　九行二十六字　四周單邊　白口

　21.1×12.1 釐米

浙圖

經 0097

易學本原啓蒙意見四卷

　明韓邦奇撰

　明正德九年(1514)李滄刻本

　　十行十八字　四周雙邊　白口

　　19.6×14 釐米

浙圖

經 0098

古易世學十七卷

　明鄞縣豐坊撰

　明范氏天一閣抄本

缺二卷　一至二

　　九行二十二字　四周雙邊　白口

　　22.7×16.7 釐米

浙圖

經 0099

周易經解二卷

　明永康應廷育撰

　清嘉慶(1796—1820)活字印本

　　十行十九字　四周單邊　白口

　　20×14.4 釐米

浙圖

經 0100

胡子易演十八卷

　明胡經撰

　明抄本

存八卷　九至十六

　　十行二十字　四周單邊　白口

　　19.8×13 釐米

天一閣

經 0101

大象義述三卷

　明山陰王畿撰

　明萬曆五年(1577)吳同春刻本

　　十行二十二字　四周雙邊　白口

　　19.8×14 釐米

天一閣

經 0102

易象鈎解四卷

　明陳士元撰

　明嘉靖(1522—1566)刻本

存三卷　一至三

　　十行十九字　左右雙邊　白口

　　17.5×13.8 釐米

天一閣

經 0103

新刊易經衍義六卷

　明郭文煥撰

　明刻本

存二卷　三　六

　　十二行二十四字　四周單邊　白口

　　17.8×12.5 釐米

天一閣

經 0104

易經繹五卷

　明鄧元錫撰

　清刻五經繹本

缺一卷　五

　　十行二十一字　四周單邊　白口

　　19.5×13.5 釐米

天一閣

經 0105

文所易説五卷

　明馮時可撰

　明萬曆十五年(1587)刻本

存一卷　一

九行十八字　左右雙邊　白口

18.8×14.2釐米

天一閣

經 0106

梁山來知德先生易經集註十六卷易説雜説
諸圖一卷易學六十四卦啓蒙一卷

明來知德撰

清康熙二十七年(1688)崔華刻本

九行二十字　四周單邊　白口

20.7×15.1釐米

浙圖　溫圖

經 0107

梁山來知德先生易經集註六卷

明來知德撰

清抄本　清海寧胡啓龍批注

天一閣

經 0108

新刻來瞿唐先生易註十五卷首一卷末一卷

明來知德撰

清康熙十六年(1677)朝爽堂刻本

九行二十二字　四周單邊　白口　版心下鐫
"朝爽堂"

19.9×13.8釐米

溫圖　浙大

經 0109

周易集註十二卷圖解一卷啓蒙一卷考定繫
辭上下傳一卷補定説卦傳一卷

明來知德撰　清高暄重訂

清康熙(1662—1722)願學堂刻本

九行二十五字　四周雙邊　白口

19.3×11.7釐米

浙圖

經 0110

讀易紀聞六卷

明張獻翼撰

明萬曆(1573—1620)張一鯤刻本

十行二十字　左右雙邊　白口

19.5×13.6釐米

天一閣

經 0111

周易象義四卷

明唐鶴徵撰

明萬曆三十五年(1607)純白齋刻本

十行二十一字　四周單邊　白口　版心下鐫
"純白齋"

21.4×14.1釐米

浙圖

經 0112

周易象義四卷

明唐鶴徵撰

清抄本

浙圖

經 0113

生生篇七卷

明蘇濬撰

明萬曆(1573—1620)刻本

九行二十字　左右雙邊　白口

22.3×14.5釐米

浙圖

經 0114

重鐫蘇紫溪先生易經兒説八卷

明蘇濬撰

清乾隆五十六年(1791)師儉堂活字印本

九行二十字　四周雙邊　白口

21×14.5釐米

浙圖

經 0115

易經纂註四卷

明李廷機輯

明崇禎(1628—1644)刻五經纂註本　佚

名錄清仁和勞權批校

十行二十字　左右雙邊　白口

21×14.6釐米

浙圖

易類

經 0116

易經纂註四卷

明李廷機輯

明崇禎(1628—1644)刻五經纂註本　佚
名批注

浙圖

經 0117

像象管見九卷

明錢一本撰

明萬曆(1573—1620)刻本

存四卷　一至四

十行二十一字　四周單邊　白口

20.9×14.1釐米

浙圖

經 0118

四聖一心錄六卷

明錢一本撰

清錢濟世刻本

十行二十一字　四周單邊　白口

21.2×14釐米

浙圖

經 0119

喬家心易九卷

明喬之文撰

清抄本

浙圖

經 0120

周易大全纂十二卷

明武林倪晉卿撰

明萬曆(1573—1620)刻本

十一行二十五字　四周單邊　白口

20×13釐米

紹圖

經 0121

周易正解二十卷讀易一卷

明郝敬撰

明萬曆四十三年(1615)郝千秋、郝千石
刻郝氏九經解本

十行二十一字　四周單邊　綫黑口

22×14.5釐米

浙圖

經 0122

周易澹窩因指八卷

明張汝霖撰

明刻本

存二卷　上經一至二

十行二十四字　四周單邊　白口

20.1×12.4釐米

浙圖

經 0123

周易宗義十二卷

明程汝繼撰

明萬曆三十七年(1609)自刻本

十行二十二字　左右雙邊　白口

20.5×14釐米

浙圖

經 0124

易經旁訓四卷

明王安舜撰

明天啓元年(1621)刻五經旁訓本

七行二十字　左右雙邊　白口

21.8×15.5釐米

浙圖

經 0125

易窺不分卷

明程玉潤撰

明抄本

　八行二十字　四周單邊　白口

　22.3×14.2釐米

天一閣

經 0126

宋明兩蘇先生易説合刪六卷

　明周之夔撰

　明萬曆四十四年(1616)吉贊等刻本

　　九行十八字　四周單邊　白口

　　21.5×14.5釐米

浙圖

經 0127

新鐫繆當時先生周易九鼎十六卷首一卷

　明繆昌期撰

　明末仙源堂刻本

　　兩欄　上欄十六行十六字　下欄九行十七字

　　　四周單邊　白口

　　21.5×12.4釐米

天一閣

經 0128

周易揆十二卷

　明嘉善錢士升撰

　明末賜餘堂刻本

　　九行十九字　左右雙邊　白口　版心下鐫"賜

　　　餘堂"

　　20.6×14.4釐米

浙圖

經 0129

周易闡要四卷

　明吳尚默撰

　清嘉慶八年(1803)吳台等刻本

　　十二行十四字　四周單邊　黑口

　　19.4×14.8釐米

浙圖

經 0130

周易初談講意六卷

　明衢縣方應祥撰

　清抄本　龍游余紹宋跋

浙圖

經 0131

周易像象述六卷像象金針一卷

　明吳桂森撰

　清抄本

　　兩欄　下欄十二行二十一字　四周雙邊　白口

　　　版心下鐫"素衣吳子著"

　　23.5×14.8釐米

浙圖

經 0132

石鏡山房周易説統十二卷

　明仁和張振淵撰

　明萬曆四十三年(1615)張氏石鏡山房刻

　　本

　　十行二十五字　四周單邊　白口　版心下鐫

　　　"石鏡山房"

　　21.2×12.7釐米

浙圖

經 0133

石鏡山房周易説統十二卷

　明仁和張振淵撰

　明刻本

　　十行二十五字　四周單邊　白口　版心下鐫

　　　"石鏡山房"

　　20.7×12.6釐米

浙圖

經 0134

易經疏義統宗三卷

　明陳仁錫撰

　明末奇賞齋刻本　師虞校點並跋

　　九行二十字　四周單邊　白口

　　19.6×14.2釐米

天一閣

經 0135

兒易內儀以六卷外儀十五卷

明上虞倪元璐撰

明崇禎(1628—1644)刻本

八行二十字　四周單邊　白口

20.6×13.8 釐米

浙圖　杭圖　溫圖 *

經 0136

古周易訂詁十六卷

明何楷撰

明崇禎(1628—1644)刻本

九行二十字　四周單邊　白口

20.8×14.2 釐米

浙圖　侍王府 *

經 0137

古周易訂詁十六卷

明何楷撰

清乾隆十六年(1751)郭文燦刻朱墨套印本

九行二十字　四周單邊　白口

20.4×14.3 釐米

浙圖

經 0138

易解大旨一卷二集六卷

明山陰張伯樞撰

明崇禎四年(1631)刻本

九行二十五字　四周單邊　白口

21.2×12.5 釐米

浙圖

經 0139

易疏五卷圖説一卷

明黃端伯撰

明崇禎(1628—1644)刻本

九行二十字　四周單邊　白口

20.8×13.9 釐米

浙圖

經 0140

易憲四卷卦歌一卷圖説一卷

明嘉善沈泓撰

清乾隆九年(1744)補堂刻本

十一行二十三字　左右雙邊　白口　版心下鐫

"補堂藏板"

19.6×14 釐米

浙圖　嘉圖　海寧圖

經 0141

周易廣義四卷圖一卷

明鄭敷教撰

清康熙二十三年(1684)刻松月樓印本

九行二十字　四周單邊　白口

19.2×14.2 釐米

浙圖

經 0142

新鐫易經玄備十五卷周易圖説一卷

明江之寶撰

明崇禎(1628—1644)環竟齋刻本

九行二十六字　四周單邊　白口　卷端首葉版

心下鐫"環竟齋"

19.7×12.4 釐米

浙圖

經 0143

周易露研四卷

明潘貞撰

明崇禎九年(1636)俞贊等刻本

兩欄　上欄二十四行三十二字　下欄十一行二

十三字　四周雙邊　白口

25.1×13.6 釐米

浙圖

經 0144

説易十二卷

明喬中和撰

明崇禎(1628—1644)刻躋新堂集七種本

九行二十字　四周單邊　白口

19.8×14 釐米

浙圖

經 0145

尺木堂學易誌一卷

明會稽馬權奇撰

明崇禎(1628—1644)尺木堂刻本

八行二十字　四周單邊　白口　版心下鐫"尺
木堂"

20.7×13 釐米

浙圖

經 0146

新刻易旨一覽四卷

明蔣時雍撰

明末刻本　佚名批注

十一行二十六字　四周單邊　白口

21.7×12.6 釐米

浙圖

經 0147

易説醒四卷

明洪守美撰

易旨醒四卷

明洪守美、鄭林祥撰

明末東吳銘新齋刻本　佚名批點

兩欄　下欄十行二十字　四周單邊　白口　版
心下鐫"華吐居"

23.8×14.4 釐米

浙大

經 0148

筮儀象解不分卷

明諸暨陳洪綬撰

手稿本　清諸暨陳紳、楊榮、沈鶴書跋

浙圖

經 0149

周易敝書五卷

明瑞安王祚昌撰

清玉海樓抄本

缺二卷　四至五

溫圖

經 0150

易解露研不分卷

清初抄本　佚名批注　龍游余紹宋跋

浙圖

經 0151

周易不分卷

清抄本　佚名批注

浙圖

經 0152

易酌十四卷

清刁包撰

清雍正十年(1732)刁承祖刻本

存六卷　一至六

十行二十一字　左右雙邊　白口

19.6×14 釐米

浙圖

經 0153

易史八卷首一卷

清胡世安撰

清抄本

十行二十一字　四周雙邊　白口

23.6×15 釐米

浙圖

經 0154

讀易隅通二卷

清蕭山來集之撰

明崇禎十七年(1644)黃正色刻本

九行十八字　四周單邊　白口

18.5×14.2 釐米

浙圖　天一閣

經 0155

蕭山來元成先生讀易隅通二卷

　清蕭山來集之撰

　清雍正元年(1723)張文炳等刻本

　　十一行二十字　四周單邊　白口

　　19.4×14.9 釐米

浙圖

經 0156

易聞十二卷首一卷

　清歸起先撰

　清乾隆六十年(1795)歸朝煦玉鑰堂刻本

　　九行二十三字　左右雙邊　粗黑口

　　19.6×14.7 釐米

浙圖

經 0157

周易粹義十卷

　清抄本

　　九行二十一字　左右雙邊　白口

　　21.2×14.8 釐米

浙圖

經 0158

太史藍大宗師鑒定易學集成二卷

　清彭文煒撰

　清抄本

溫圖

經 0159

易存一卷

　清蕭雲從撰

　清抄本

　　八行十八字　四周雙邊　白口　版心下鐫"樞
　　原藏本"

　　20.7×15.2 釐米

浙圖

經 0160

周易直解十二卷

　清武林陳枚撰

　清順治(1644—1661)刻本

　　兩欄　下欄十三行二十五字　四周單邊　白口

　　22.2×12.4 釐米

浙圖

經 0161

周易説略四卷

　清張爾岐撰

　清嘉慶二年(1797)文源堂刻本

　　九行二十二字　四周單邊　白口

　　18.4×11.7 釐米

浙圖

經 0162

象數論六卷

　清餘姚黃宗羲撰　清餘姚黃百家圖後

　清康熙(1662—1722)汪瑞齡西麓堂刻本

　　十二行二十四字　左右雙邊　粗黑口

　　20.4×14.8 釐米

浙大

經 0163

田間易學不分卷

　清錢澄之撰

　清康熙(1662—1722)錢氏斟雉堂刻本

　　十行二十三字　左右雙邊　白口

　　17.7×13.4 釐米

衢博

經 0164

**周易象辭不分卷附尋門餘論二卷圖學辯惑
一卷**

　清餘姚黃宗炎撰

　稿本

餘姚文

經 0165

易原三卷

　清山陰趙振芳撰

易或十卷

　清徐在漢撰

　清順治(1644—1661)刻本

　　十行二十字　四周雙邊　白口

　　20.9×14.8 釐米

上虞圖

經 0166

大易辯志説約二十四卷

　清張習孔撰

　清康熙元年(1662)梅墅石渠閣刻本

　　九行二十五字　四周單邊　白口　版心下鐫
　　"玉芝園"

　　20.8×12.1 釐米

浙圖

經 0167

易發八卷

　清吳興董説撰

　清初刻本

　　八行十九字　左右雙邊　白口

　　18.8×14.2 釐米

浙圖

經 0168

喬氏易俟十八卷圖一卷

　清喬萊撰

　清康熙(1662—1722)喬氏竹深荷淨之堂
　　刻本

　　十一行二十字　小字雙行三十字　左右雙邊
　　白口

　　19.7×15.1 釐米

浙圖

經 0169

御纂周易折中二十二卷首一卷

　清李光地等撰

清康熙五十四年(1715)內府刻本

　　八行十八字　小字雙行二十二字　四周雙邊
　　白口

　　22.3×16.4 釐米

浙圖　天一閣

經 0170

御纂周易折中二十二卷首一卷

　清李光地等撰

　清刻本

　　八行十八字　小字雙行二十二字　四周雙邊
　　白口

　　21.8×16.1 釐米

溫圖

經 0171

御纂周易折中二十二卷首一卷

　清李光地等撰

　清刻本

　　八行十八字　小字雙行二十二字　四周雙邊
　　白口

　　22.5×16.4 釐米

嵊州圖

經 0172

御纂周易折中二十二卷首一卷

　清李光地等撰

　清尊經閣刻本

　　八行十八字　小字雙行二十二字　四周雙邊
　　白口

　　22.1×16 釐米

嘉圖

經 0173

御纂周易折中二十二卷首一卷

　清李光地等撰

　清刻本

　　八行十八字　小字雙行二十二字　四周雙邊
　　白口

　　22.3×15.7 釐米

寧圖

易類

經 0174

日講易經解義十八卷

　清牛鈕等撰

　清康熙（1662—1722）刻本

　九行十八字　四周雙邊　黑口

　18.5×14.5釐米

浙圖

經 0175

周易圖説述四卷首一卷

　清王弘撰撰

　清乾隆（1736—1795）刻本

　十行二十二字　左右雙邊　白口

　21.2×14.3釐米

浙圖

經 0176

周易讀本一卷

　清仁和張奕光撰

　稿本

　十二行二十四字　四周雙邊　白口

　18.8×15.7釐米

浙圖

經 0177

易通論二卷前一卷

　清姚際恒撰

　清康熙（1662—1722）刻本

　十行二十一字　四周單邊　白口

　19.2×14.1釐米

浙圖

經 0178

周易本義引蒙十二卷首一卷

　清姚章撰

　清初刻本

　十行二十三字　左右雙邊　黑口

　19×13.3釐米

浙圖

經 0179

硯北易鈔不分卷

　清黃叔琳撰

　清抄本　清翁方綱籤注　文素松、王禮
　　培跋

　十行二十字　四周雙邊　黑口

　19.1×14.5釐米

浙圖

經 0180

易經大全會解四卷

　清蕭山來爾繩輯

　清乾隆五十二年（1787）刻本

　兩欄　上欄二十四行二十字　下欄十一行二十
　　三字　下欄左右雙邊　白口

　25×15.1釐米

浙圖

經 0181

易經大全會解四卷

　清蕭山來爾繩輯

　清刻本　清瑞安孫衣言批注

　存一卷　二

　兩欄　下欄十一行二十三字　左右雙邊　白口

　23.3×14.5釐米

溫圖

經 0182

易義輯要綴言八卷

　清武林陸成周撰

　稿本

　九行二十四字　四周雙邊　白口

　21.5×15.5釐米

浙圖

經 0183

易學內編不分卷

　清抄本　佚名箋校

浙圖

經 0184

周易玩辭集解十卷首一卷

清海寧查慎行撰

清乾隆（1736—1795）刻本

八行十八字　小字雙行二十二字　四周雙邊
白口

20.8×16 釐米

浙圖　溫圖

經 0185

易説六卷

清惠士奇撰

清嘉慶十五年（1810）吳氏真意堂刻本

九行二十一字　左右雙邊　白口　版心下鐫
"真意堂"

17.5×12.8 釐米

浙圖

經 0186

**周易函書約註十八卷續集十八卷別集十九
卷**

清胡煦撰

清康熙雍正間（1662—1735）胡氏葆璞堂
刻本

存二十七卷　周易函書約註十八卷　別集
九卷（函書約三卷、孔朱辨異三卷、易學
須知三卷）

十行二十四字　四周雙邊　白口　版心下鐫
"葆璞堂"

19.1×14 釐米

浙圖

經 0187

**周易函書約註十八卷續集十八卷別集十九
卷首四卷**

清胡煦撰

清康熙雍正間（1662—1735）胡氏葆璞堂
刻後印本

浙圖

經 0188

**周易函書約存十八卷約注十八卷別集十六
卷**

清胡煦撰

清乾隆（1736—1795）胡氏葆璞堂刻本

十行二十四字　四周雙邊　白口　版心下鐫
"葆璞堂"

18.8×13.4 釐米

浙圖　寧圖*

經 0189

**周易函書約存十八卷約注十八卷別集十六
卷**

清胡煦撰

清乾隆（1736—1795）胡氏葆璞堂刻本
戴傳賢跋

存三十四卷　約存全　別集全

杭圖

經 0190

成均課講周易不分卷

清崔紀撰

清乾隆（1736—1795）刻本

書名據書口題

九行二十四字　四周雙邊　白口

18.4×12.5 釐米

溫圖

經 0191

陸堂易學十卷首一卷

清平湖陸奎勳輯

清乾隆元年（1736）刻本

十一行二十四字　左右雙邊　白口

19.4×14.2 釐米

浙圖

經 0192

周易洗心十卷

清任啓運撰

清乾隆三十四年（1769）任氏清芬堂刻本

八行二十字　四周雙邊　白口

20×14.3釐米

浙圖

經 0193

周易本義讀四卷

清毛以焆撰

清抄本

浙圖

經 0194

周易拾義不分卷

清樓春撰

清抄本

浙圖

經 0195

易學圖説會通八卷

清楊方達撰

清乾隆(1736—1795)復初堂刻本

十一行二十二字　左右雙邊　黑口

21.7×15.1釐米

浙圖　溫圖

經 0196

周易象理淺言十卷

清張圻撰

清乾隆三十三年(1768)永譽堂刻本

九行二十四字　左右雙邊　白口

17.7×12釐米

浙圖

經 0197

周易述四十卷

清惠棟撰

清乾隆二十四年至二十七年(1759—1762)盧氏雅雨堂刻本

卷八、二十一、二十六、二十九至三十原缺

卷二十四至二十五、二十七至二十八、三十一至四十未刻

十行二十二字　四周單邊　白口　版心下鐫"雅雨堂"

18.2×14.4釐米

浙圖　溫圖　玉海樓

經 0198

易漢學八卷

清惠棟撰

清吳氏清來堂刻本　平湖屈彊錄清沈紹勳批、曹源跋

十一行二十二字　四周單邊　黑口

18.7×14.8釐米

浙大

經 0199

易大義一卷

清惠棟撰

清抄本

浙圖

經 0200

易義闡四卷朱子易學啓蒙一卷附錄一卷

清韓松纂輯

清乾隆五十四年(1789)光復堂刻本

九行二十三字　左右雙邊　白口

18.4×13.9釐米

平湖圖

經 0201

周易辨畫四十卷

清連斗山撰

清乾隆(1736—1795)刻本

十行二十一字　左右雙邊　白口

19.9×13.9釐米

浙圖

經 0202

易圖解一卷

清德沛撰

清乾隆元年(1736)刻本

九行十七字　四周雙邊　白口

18.8×14.2 釐米

浙圖

經 0203

周易補註十一卷

清德沛輯

清乾隆六年(1741)刻本

九行二十字　四周雙邊　白口

18.1×14 釐米

浙圖

經 0204

周易原意二卷

清仁和張世犖撰

清抄本

浙圖

經 0205

易見本義發蒙四卷首一卷

清貢渭濱輯

清乾隆二十七年(1762)脉望書樓刻本

兩欄　上欄十六行十二字　下欄八行十八字

左右雙邊　白口　版心下鎸"脉望書樓"

21×11 釐米

社科院

經 0206

御纂周易述義十卷

清傅恒等撰

清乾隆(1736—1795)刻本

八行二十字　四周雙邊　白口

21.7×16.2 釐米

浙圖　衢博＊

經 0207

御纂周易述義十卷

清傅恒等撰

清乾隆(1736—1795)刻本

八行二十字　四周雙邊　白口

21.9×16 釐米

浙圖　溫圖　上虞圖

經 0208

易守八卷

清歸安葉佩蓀撰

稿本　佚名批校

浙圖

經 0209

易經旁訓辨體三卷

清上虞徐立綱撰

清乾隆五十四年(1789)循陔堂刻五經旁
訓辨體本　佚名批校

兩欄　下欄七行二十字　四周單邊　白口　版
心下鎸"循陔堂"

22×14.7 釐米

杭圖

經 0210

周易審鵠要解四卷

清林錫齡撰

清仲勤抄本

浙圖

經 0211

周易觀象管輯二卷首一卷末一卷

清趙輔臨撰

清抄本

存二卷　首　下之上

浙圖

經 0212

周易觀象不分卷周易觀變二卷

清茅式周撰

稿本

浙圖

易類

經 0213

周易索一卷

清象山倪象占撰

稿本

十行字數不一　左右雙邊　白口

19.1×14.6 釐米

天一閣

經 0214

周易索詁十二卷首一卷

清象山倪象占撰

清嘉慶六年（1801）順受堂刻本

十行二十一字　左右雙邊　白口

18×13.4 釐米

浙圖　溫圖

經 0215

周易纂註二十卷

清錢塘吳顥撰

清嘉慶三年（1798）守惇堂刻本

九行二十四字　左右雙邊　白口

18.2×12.4 釐米

浙圖

經 0216

學易隨筆六卷續編四卷

清張元灝撰

清乾隆（1736—1795）刻本

九行二十字　左右雙邊　黑口

13×9.8 釐米

浙圖

經 0217

周易虞氏義九卷周易虞氏消息二卷

清張惠言撰

清嘉慶八年（1803）阮氏琅嬛僊館刻本
　崔止園批校

十一行二十三字　左右雙邊　白口

18.4×14.2 釐米

杭圖

經 0218

虞氏易變表二卷

清江承之撰　清張惠言校補

稿本

杭圖

經 0219

讀易管窺四卷

清餘姚朱金卿撰

稿本　紹興馬一浮、海寧張宗祥跋

十行字數不一　四周單邊　白口

22.5×12.2 釐米

浙大

經 0220

柯春塘先生易説三十九卷

清平湖柯汝霖撰

稿本　秀水金兆蕃跋

浙圖

經 0221

**周易指三十八卷易例一卷易圖五卷易斷辭
　一卷附錄一卷**

清青田端木國瑚撰

稿本

存四十三卷　周易指全　易例　易圖四至
　五　易斷辭　附錄

十二行字數不一　四周單邊　藍口

21.1×15.2 釐米

玉海樓

經 0222

周易擇言六卷

清瑞安鮑作雨撰

清同治（1862—1874）抄本

溫圖

經 0223

學易劄記不分卷

清朱駿聲撰

稿本　朱師轍跋

浙圖

經0224

學易劄記不分卷

　清朱駿聲撰

　抄本　朱師轍校

浙圖

經0225

學易劄記一卷

　清朱駿聲撰

　抄本

浙圖

經0226

易鄭氏爻辰廣義一卷易章句異同一卷易經
傳互卦卮言一卷

　清朱駿聲撰

　稿本

　十一行二十四字　左右雙邊　白口

　19.2×14.2 釐米

浙圖

經0227

易鄭氏爻辰廣義一卷易章句異同一卷易經
傳互卦卮言一卷

　清朱駿聲撰

　張宗祥抄本

　十行二十四字　四周單邊　白口

　17.8×13.7 釐米

浙圖

經0228

六十四卦經解不分卷

　清朱駿聲撰

　手稿本

存一冊

浙圖

經0229

六十四卦經解八卷

　清朱駿聲撰

　手稿本　朱師轍跋

　十一行二十四字　左右雙邊　白口

　19.3×14.3 釐米

浙圖

經0230

易釋不分卷

　清定海黃式三撰

　稿本

天一閣

經0231

周易參變十卷

　清黃巖林琨注

　清抄本

黃巖圖

經0232

周易經文古義三卷附錄一卷

　清黃巖姜丹書撰

　清王氏柔橋隱居抄本　清黃巖王榮校並
　跋

　九行二十一字　四周雙邊　白口　版心下鐫
　"柔橋隱居"

　19.4×14 釐米

黃巖圖

經0233

周易讀本四卷

　清烏程凌榮撰

　稿本

浙圖

經0234

讀易漢學私記一卷補一卷

　清陳壽熊撰

　清咸豐十一年(1861)陶模抄本

書類

嘉圖

經 0235

易緯通義八卷

清莊忠棫撰

清光緒五年(1879)抄本　清瑞安孫詒讓
批

十二行二十四字　左右雙邊　藍口

16.8×11.8 釐米

浙大

經 0236

鄭易小學一卷

清會稽陶方琦撰

稿本

十四行　四周雙邊　白口

22.6×14.4 釐米

浙圖

經 0237

易筮要義一卷

清鄭湛撰

稿本

十行字數不一　左右雙邊　白口　版心下鎸

"西江書屋"

19×13.5 釐米

天一閣

經 0238

易卦大義合鈔不分卷

清思退堂抄本　清光緒七年(1881)雲帆
跋

十行二十一字　四周單邊　白口　版心下鎸

"思退堂"

17×14 釐米

天一閣

經 0239

易象準物八卷總論一卷

清方忠軾、方良寅撰

清抄本

浙圖

經 0240

周易捷錄六卷

清抄本

浙圖

經 0241

易義摘要不分卷

清菉猗閣抄本

十一行二十四字　左右雙邊　白口　版心下鎸

"菉猗閣校本"

18.4×13.5 釐米

天一閣

附

經 0242

周易乾鑿度二卷

漢鄭玄注

清孫氏玉海樓抄本　清瑞安孫詒讓校

十行二十四字　左右雙邊　綫藍口

16.8×11.9 釐米

浙大

經 0243

周易乾鑿度殷術一卷

清瑞安孫詒讓撰

稿本

十二行二十二字　左右雙邊　綫藍口

16.8×11.9 釐米

浙大

書類

經 0244

尚書一卷

明刻本

九行十七字　四周雙邊　白口

19×14.6 釐米

天一閣

經 0245

尚書註疏二十卷

　題漢孔安國傳　唐孔穎達疏　唐陸德明
　　音義

　明嘉靖(1522—1566)李元陽刻十三經註
　　疏本　慈溪馮貞群跋

　　九行二十一字　四周單邊　白口

　　20×13 釐米

　天一閣

經 0246

東坡書傳二十卷

　宋蘇軾撰

　明凌濛初刻朱墨套印本

　　九行十九字　四周單邊　白口

　　20.7×14.9 釐米

　浙圖

經 0247

尚書説七卷

　宋新昌黃度撰

宣獻公行狀一卷

　宋鄞縣袁燮撰

　清道光九年(1829)黃氏家塾刻本

　　九行二十二字　左右雙邊　白口

　　17.9×13.5 釐米

　浙圖

經 0248

書集傳六卷

　宋蔡沈撰

　明崇禎元年(1628)閔齊伋刻本　清祁日
　　徵題款

　　九行十七字　左右雙邊　白口

　　20.4×14.6 釐米

　浙圖

經 0249

書集傳六卷圖一卷

　宋蔡沈撰　元鄒季友音釋

朱子説書綱領一卷

　宋朱熹撰

　明正統十二年(1447)內府刻本

　　八行十四字　四周雙邊　黑口

　　23×16.4 釐米

　浙圖　天一閣　浙大

經 0250

書經集傳六卷

　宋蔡沈撰

　明嘉靖(1522—1566)吉澄刻本　佚名錄
　　清嚴虞惇批校

　　九行十七字　左右雙邊　白口　有眉欄

　　20.2×14.4 釐米

　浙圖

經 0251

書經集傳六卷

　宋蔡沈撰

　明刻本

　　九行十七字　左右雙邊　白口　有眉欄

　　19.8×14.5 釐米

　浙圖　天一閣 *

經 0252

書經集傳六卷

　宋蔡沈撰

　清金閶步月樓刻本　清丁晏批校並跋

　　九行十七字　左右雙邊　白口　有眉欄

　　20.3×14.6 釐米

　杭圖

經 0253

書經集註六卷

　宋蔡沈撰

　明嘉靖三十五年(1556)廣東崇正堂刻本

　存四卷　二至三　五至六

　　八行十四字　四周雙邊　黑口

　　21×15.8 釐米

　天一閣

經 0254

書經集註六卷

　宋蔡沈撰

　明書林新賢堂張閩岳刻本　佚名批注

　　九行十七字　四周單邊　白口

　　13.5×13.1釐米

　浙圖

經 0255

書經集註六卷

　宋蔡沈撰

　明刻本

　　九行十七字　四周雙邊　黑口

　　21×13.8釐米

　浙圖

經 0256

書經集註十卷

　宋蔡沈撰　元鄒季友音釋

　明刻本　佚名批注

　　九行十七字　四周雙邊　黑口

　　15.3×10.6釐米

　浙圖

經 0257

書經集註十卷

　宋蔡沈撰　元鄒季友音釋

　明刻本

　存四卷　七至十

　　九行十七字　四周雙邊　黑口

　　17×11.8釐米

　天一閣

經 0258

尚書義粹三卷

　金王若虛撰

　明嘉靖七年(1528)刻本

　存一卷　下

　　十行二十字　左右雙邊　白口

　　18.3×12.6釐米

天一閣

經 0259

書經纂言四卷

　元吳澄撰

　清乾隆二十一年(1756)吳氏刻後印本

　　十行二十四字　四周單邊　白口

　　18.3×13.2釐米

　浙圖

經 0260

書傳會選六卷

　明劉三吾等撰

　明趙府味經堂刻本　清蕭山王紹蘭、蕭
　　山蔡名衡跋

　　九行十八字　四周雙邊　綫黑口　版心上鐫
　　"味經堂"

　　20.1×14.5釐米

　浙圖

經 0261

書傳會選六卷

　明劉三吾等撰

　明趙府味經堂刻本〔卷一配清抄本〕

　存四卷　一　四至六

　浙圖

經 0262

書傳大全十卷

　明胡廣等輯

　明內府刻本

　　十行二十二字　四周雙邊　黑口

　　27.5×18.1釐米

　浙大

經 0263

書傳大全十卷綱領一卷圖一卷

　明胡廣等輯

　明刻本

　　十行二十二字　四周雙邊　黑口

27×17.7 釐米

浙博　天一閣 *

經 0264

書經大全十卷

明胡廣等輯

明余氏興文書堂刻本

存四卷　三至五　十

十一行小字雙行二十一字　四周雙邊　白口

17.3×13 釐米

天一閣

經 0265

書經大全十卷

明胡廣等輯

明嘉靖十五年(1536)書戶葉氏刻本

存二卷　九至十

十一行小字雙行二十一字　四周雙邊　白口

16.2×13 釐米

天一閣

經 0266

申學士校正古本官板書經大全十卷

明胡廣等輯

明閩芝城建邑書林余氏刻本

六行十六字　四周雙邊　白口　有眉欄

23.2×13.9 釐米

浙圖

經 0267

尚書考異五卷

明梅鷟撰

清十萬卷樓抄四庫全書本

浙圖

經 0268

少坡先生佳製講解字訓註釋書經新說十卷

明秀水沈鏊撰　明黃繼周集

明嘉靖二十三年(1544)刻本

缺四卷　七至十

十二行二十字　小字二十三字　四周雙邊　白口

18.4×12.2 釐米

天一閣

經 0269

書經直解十三卷

明張居正撰

明萬曆元年(1573)刻本　清鄞縣全祖望批校

缺一卷　二

九行十八字　四周雙邊　黑口

19×14.2 釐米

天一閣

經 0270

書經直解十三卷

明張居正撰

明萬曆元年(1573)刻本

缺三卷　一至二　十三

九行十八字　四周雙邊　黑口

19×14.5 釐米

浙圖

經 0271

尚書日記十六卷

明王樵撰

明萬曆二十五年(1597)蔡立身刻本

十行二十字　四周單邊　白口

20×13.3 釐米

紹圖

經 0272

尚書日記十六卷

明王樵撰

明萬曆(1573—1620)刻本

十行二十字　四周單邊　白口

20×13.3 釐米

浙圖

經 0273

新鍥書經講義會編十二卷

明申時行撰

明刻本

十行二十六字　四周雙邊　白口

19.6×12.6釐米

浙圖　天一閣*

經 0274

新鍥書經講義會編十二卷

明申時行撰

明刻本　佚名批校

存二卷　一至二

天一閣

經 0275

鍥彙附百名公帷中籤論書經講義會編十二卷

明申時行撰

明刻本

存二卷　六至七

兩欄　下欄十二行二十四字　四周單邊　白口

22.8×12.7釐米

天一閣

經 0276

海川重刻狀元申先生書經主意七卷

明申時行撰

明萬曆五年(1577)董氏刻本　佚名批注

存四卷　一至四

十一行二十六字　四周單邊　白口

19×11.3釐米

天一閣

經 0277

徽郡新刊書經講義二卷

明程弘賓撰

明嘉靖四十三年(1564)新安程氏刻本　佚名批校

十行二十三字　四周單邊　白口

17×11.9釐米

浙圖

經 0278

尚書會解六卷

明張治具撰

明刻本

十一行二十二字　四周雙邊　白口

22.7×15.1釐米

浙圖

經 0279

沈方伯刪定尚書集註六卷

明四明沈一中撰

清抄本　清光緒十九年(1893)沈德壽跋

書名據版心題

兩欄　下欄九行十九字　四周單邊　白口

23.2×15.1釐米

天一閣

經 0280

尚書要旨三十六卷

明王肯堂撰

明刻本

十行二十四字　四周單邊　白口

22.2×13.1釐米

浙圖

經 0281

學古堂尚書雅言六卷

明盧廷選撰

明萬曆(1573—1620)刻本

存五卷　一至四　六

九行二十二字　四周單邊　白口

20.3×12.8釐米

溫圖

經 0282

尚書註考一卷

明陳泰交撰

清抄本

浙圖

經 0283

尚書葦籥五十八卷

明烏程潘士遴撰

明崇禎(1628—1644)刻本

十行二十二字　左右雙邊　白口

20.4×14 釐米

浙圖

經 0284

尚書晚訂十二卷

明史維堡撰　明史元調輯

明崇禎(1628—1644)刻本

十行二十二字　四周單邊　白口

20.3×14.1 釐米

溫圖

經 0285

書經註疏大全合纂五十九卷首一卷

明張溥撰

明崇禎(1628—1644)刻本

八行十八字　左右雙邊　白口

20.1×14.6 釐米

浙圖

經 0286

書經摘註六卷

明抄本

九行二十二字　左右雙邊　白口

20.8×12.5 釐米

天一閣

經 0287

書經論次一卷

清抄本

天一閣

經 0288

書經近指六卷

清孫奇逢撰

清康熙十五年(1676)趙纘刻本

九行二十字　四周單邊　白口

21.4×14.8 釐米

浙圖

經 0289

尚書古文疏證八卷

清閻若璩撰

朱子古文書疑一卷

清閻詠輯

清乾隆十年(1745)眷西堂刻本

十一行二十字　左右雙邊　白口　版心下鐫

"眷西堂"

18.5×14.1 釐米

嘉圖

經 0290

尚書古文疏證八卷

清閻若璩撰

朱子古文書疑一卷

清閻詠輯

清乾隆(1736—1795)刻本

十一行二十字　左右雙邊　白口　版心下鐫

"眷西堂"

18.9×14.8 釐米

浙圖

經 0291

欽定書經傳説彙纂二十一卷首二卷書序一卷

清王頊齡等撰

清雍正八年(1730)內府刻本

大字八行十八字　中字二十二字　小字雙行二十二字　四周雙邊　白口

22.4×16.2 釐米

浙圖　杭圖　溫圖*

書類

經 0292

欽定書經傳説彙纂二十一卷首二卷書序一卷

清王頊齡等撰

清雍正(1723—1735)刻本

大字八行十八字　中字二十二字　小字雙行二十二字　四周雙邊　白口

22.1×15.8 釐米

浙圖　溫圖　嘉圖

經 0293

尚書通典略二卷

清楊方達撰

清乾隆(1736—1795)刻本

十行二十字　左右雙邊　黑口

19.2×13.9 釐米

衢博

經 0294

晚書訂疑三卷今古文尚書授受源流一卷

清程廷祚撰

清乾隆(1736—1795)三餘書屋刻本　葉德輝跋

九行二十一字　左右雙邊　白口

19.7×13.5 釐米

浙大

經 0295

古文尚書攷二卷

清惠棟撰

清乾隆五十七年(1792)刻本

十行二十一字　左右雙邊　白口

17.7×13.4 釐米

浙圖　溫圖　黃巖圖　玉海樓　衢博

經 0296

壁經集解一卷

清陳奕蘭撰

稿本

天台博

經 0297

尚書離句六卷

清仁和錢在培輯解

清康熙(1662—1722)刻厚野草堂印本

九行十八字　左右雙邊　白口

20.9×14.8 釐米

浙圖　玉海樓＊

經 0298

尚書既見不分卷

清莊存與撰

清乾隆五十八年(1793)味經齋刻味經齋遺書本

十行二十字　左右雙邊　粗黑口

19×14 釐米

浙圖

經 0299

尚書攷辨四卷

清宋鑒撰

清嘉慶四年(1799)刻本

十二行二十四字　四周單邊　白口

20.2×15 釐米

浙圖　溫圖

經 0300

尚書後案三十卷尚書後辨附一卷

清王鳴盛撰

清乾隆四十五年(1780)王鳴盛禮堂刻本

十四行三十字　四周單邊　綫黑口

23.3×16 釐米

浙圖　餘杭圖　嘉圖　平湖圖　黃巖圖　浙大

經 0301

古文尚書冤詞補正一卷

清海寧周春撰

張宗祥抄本　海寧張宗祥跋

十行二十四字　四周單邊　白口　版心下鎸"鐵如意館"

17.7×13.7 釐米

浙圖

經 0302

書經旁訓合璧六卷首一卷末一卷

　清李繩撰

　清乾隆(1736—1795)桂香家塾刻本

存四卷　首　一至三

　　九行二十字　四周單邊　黑口

　　20.4×14.4 釐米

玉海樓

經 0303

書傳鹽梅二十卷

　清黃文蓮撰

　清乾隆五十二年(1787)刻本

　　十行二十四字　左右雙邊　白口

　　20.5×15.2 釐米

浙圖

經 0304

尚書私學四卷

　清江昱撰

　清乾隆(1736—1795)刻本

　　九行十九字　左右雙邊　白口

　　17.7×12.4 釐米

浙圖

經 0305

尚書釋天六卷

　清秀水盛百二撰

　清乾隆三十九年(1774)李氏刻本

　　十一行二十二字　左右雙邊　白口

　　17.7×14.4 釐米

浙圖　嘉圖

經 0306

尚書釋天六卷

　清秀水盛百二撰

　清乾隆三十九年(1774)任城書院刻本

　　十一行二十二字　四周雙邊　白口

19.7×14.4 釐米

浙圖　義烏圖

經 0307

尚書人注音疏十二卷末一卷外編一卷

　清江聲撰

　清乾隆五十八年(1793)江氏近市居刻本

　　十行十四字　小字雙行二十一字　左右雙邊
　　白口

　　17.5×13.4 釐米

浙圖　溫圖

經 0308

書經述六卷

　清德清許祖京撰

　清嘉慶十七年(1812)陝華堂刻本

　　九行二十二字　左右雙邊　白口

　　19.4×14 釐米

浙圖

經 0309

書經述六卷

　清德清許祖京撰

　清同治十三年(1874)許延鼗刻本　諸暨
　　余重耀批校

　　九行二十二字　左右雙邊　白口

　　19×14 釐米

浙圖

經 0310

尚書記七卷

　清莊述祖撰

　清光緒二十二年(1896)孫氏玉海樓抄本
　　清瑞安孫詒讓批校並跋

　　十行二十一字　左右雙邊

　　19.4×11.8 釐米

浙大

經 0311

尚書記七卷

　清莊述祖撰

書類

清繆荃孫雲輪閣抄本

十二行二十二字　四周單邊　粗黑口

20.2×16 釐米

浙大

經 0312

書經解纂不分卷

清抄本

十一行二十五字　左右雙邊　白口

19.1×13.5 釐米

浙圖

經 0313

尚書證義二十八卷

清平湖周用錫撰

清嘉慶(1796—1820)友伏齋刻本

十行十九字　左右雙邊　白口　版心下鐫"友
伏齋本"

19×14.8 釐米

浙圖

經 0314

書經輯解□□卷

清鄞縣周道遵撰

稿本

存十三卷　一至十三

十一行二十二字　左右雙邊　白口

18.5×14 釐米

天一閣

經 0315

尚書漢注一卷

朱孔彰撰

手稿本

九行字數不一　四周雙邊　白口

18.1×13.4 釐米

浙圖

經 0316

書經成語不分卷

清滿漢文抄本

八行字數不一　四周雙邊　白口

20.8×13.9 釐米

浙圖

經 0317

**禹貢匯疏十二卷圖經二卷神禹別錄一卷禹
貢考略一卷**

明吳興茅瑞徵撰

明崇禎(1628—1644)刻本

九行二十字　四周單邊　白口

20.4×14.9 釐米

浙圖

經 0318

夏書禹貢廣覽三卷蓋載圖憲一卷

明錢塘許胥臣輯

明崇禎(1628—1644)刻本

存三卷　夏書禹貢廣覽全

九行二十字　四周單邊　白口

20×14.2 釐米

天一閣

經 0319

禹貢古今合註五卷圖一卷

明夏允彝撰

明末刻本

九行十九字　左右雙邊　白口

19.7×15.3 釐米

浙圖

經 0320

禹貢錐指二十卷圖一卷

清德清胡渭撰

清康熙(1662—1722)漱六軒刻本

十一行二十一字　左右雙邊　白口　版心下鐫
"漱六軒"

18.9×14.8 釐米

浙圖　溫圖　嘉圖　平湖圖　上虞圖　義烏圖
浙大

經 0321

禹貢彙覽四卷總論一卷

清夏之芳輯

清乾隆十二年(1747)夏杏春刻重修本

九行二十字　左右雙邊　白口

16.2×12.3釐米

浙圖

經 0322

禹貢會箋十二卷禹貢山水總目一卷圖一卷

清徐文靖撰

清乾隆十八年(1753)趙弁刻本

九行二十字　四周雙邊　白口

19×13.2釐米

浙圖　溫圖

經 0323

禹貢註節讀一卷圖説一卷

清石門馬俊良撰

清乾隆(1736—1795)端溪書院刻本

八行十八字　四周單邊　黑口

19.9×14.2釐米

浙圖＊　嘉圖　浙大＊　社科院＊

經 0324

禹貢地理考不分卷

清李兆洛輯

稿本

九行二十四字　四周雙邊　白口

20.5×12.5釐米

浙大

經 0325

禹貢今釋二卷

清芮日松撰

清道光八年(1828)求是齋刻本

九行二十字　左右雙邊　白口

17.9×13釐米

浙圖

經 0326

禹貢地名集説二卷

清洪符孫撰

清抄本

浙大

經 0327

胡氏禹貢錐指勘補十二卷

清鎮海姚燮撰

稿本

十一行字數不一　左右雙邊　黑口　版心下鐫
"上湖草堂"

18.1×13釐米

天一閣

經 0328

禹貢述略六卷首一卷

清歸安李臧撰

手稿本

十行字數不一　四周單邊　白口

18.2×14.4釐米

浙圖

經 0329

尚書逸湯誓考四卷

清鄞縣徐時棟撰

清同治三年(1864)稿本

十行二十一字　左右雙邊　版心下鐫"煙嶼樓
初本"

19.2×14釐米

天一閣

經 0330

尚書逸湯誓考四卷

清鄞縣徐時棟撰

清同治四年(1865)稿本

十行二十一字　左右雙邊　版心下鐫"煙嶼樓
初本"

19.2×14.2釐米

天一閣

經 0331

尚書逸湯誓考六卷

清鄞縣徐時棟撰

稿本

左右雙邊　版心下鑴"煙嶼樓初本"

19×14.2 釐米

天一閣

經 0332

尚書逸湯誓考六卷

清鄞縣徐時棟撰

稿本

十行二十一字　左右雙邊　版心下鑴"煙嶼樓
初本"

19×14 釐米

天一閣

經 0333

定正洪範集說一卷

元諸暨胡一中撰

明抄本

九行十八字　四周單邊　白口

21.5×15.4 釐米

天一閣

經 0334

洪範正論五卷

清德清胡渭撰

清乾隆四年(1739)胡紹芬刻本

十一行二十一字　左右雙邊　白口

18.8×14.8 釐米

浙圖

經 0335

尚書顧命解一卷

清瑞安孫希旦撰

清抄本　清瑞安孫鏘鳴校

溫圖

經 0336

尚書大傳四卷

漢鄭玄注

補遺一卷續補遺一卷

清仁和盧文弨輯

考異一卷

清仁和盧文弨撰

清嘉慶五年(1800)愛日艸廬刻本　清顧
觀光批校

九行二十字　左右雙邊　白口

17×13 釐米

浙圖

經 0337

**尚書大傳考纂三卷備考一卷補遺一卷源委
一卷**

清吳興董豐垣撰

附錄一卷

清乾隆(1736—1795)槐古齋刻本

十一行二十一字　左右雙邊　白口

17.8×14.5 釐米

浙圖　上虞圖　浙大

詩類

經 0338

毛詩傳箋七卷

漢毛亨傳　漢鄭玄箋

明刻本

八行十七字　四周雙邊　白口

20.3×14.3 釐米

浙圖

經 0339

毛詩故訓傳三十卷

漢毛亨傳　漢鄭玄箋

鄭氏詩譜一卷

漢鄭玄撰

清嘉慶二十一年(1816)周氏枕經樓刻本
平湖屈彊批校並跋

九行二十二字　左右雙邊　白口

18.9×13.7 釐米

浙圖

經 0340

毛詩註疏二十卷

漢毛亨傳　漢鄭玄箋　唐孔穎達疏　唐
　　陸德明音義

明崇禎三年(1630)毛氏汲古閣刻十三經
　　註疏本　佚名批校

九行二十一字　左右雙邊　白口　版心下鐫
　　"汲古閣"

17.9×12.6 釐米

浙大

經 0341

歐陽文忠公毛詩本義十六卷

宋歐陽修撰

明刻本

十行二十字　左右雙邊　白口

20.7×14.7 釐米

浙圖

經 0342

毛詩本義十六卷

宋歐陽修撰

清道光(1821—1850)抄四庫全書本

浙圖

經 0343

**詩集傳二十卷詩序辨説一卷詩傳綱領一卷
　　詩圖一卷**

宋朱熹撰

明正統十二年(1447)司禮監刻本

八行十四字　四周雙邊　黑口

22.9×16.3 釐米

杭圖 ＊　溫圖 ＊　浙大

經 0344

**詩集傳二十卷詩序辨説一卷詩傳綱領一卷
　　詩圖一卷**

宋朱熹撰

明正統十二年(1447)司禮監刻本〔目録、
　　詩圖配清咸豐七年(1857)蔣光焴刻
　　本〕

浙圖

經 0345

**詩集傳二十卷詩序辨説一卷詩傳綱領一卷
　　詩圖一卷**

宋朱熹撰

明刻本

存十九卷　詩集傳一至四　九至二十　詩
序辨説　詩傳綱領　詩圖

八行十四字　四周雙邊　黑口

23.1×16.4 釐米

溫圖

經 0346

**詩集傳二十卷詩序辨説一卷詩傳綱領一卷
　　詩圖一卷**

宋朱熹撰

明刻本

存十五卷　詩集傳一至十　十三至十四
詩序辨説　詩傳綱領　詩圖

八行十四字　四周雙邊　黑口

23×16.5 釐米

天一閣

經 0347

詩經集傳八卷

宋朱熹撰

明刻本

缺三卷　三至五

九行十七字　左右雙邊　白口　有眉欄

20.2×14.3 釐米

杭圖

經 0348

詩經集傳八卷

　宋朱熹撰

　明崇禎四年(1631)汪應魁刻本

　　九行十八字　四周雙邊　白口

　　21.6×15 釐米

玉海樓

經 0349

詩經集傳八卷

　宋朱熹撰

　清康熙十一年(1672)朱錫旂崇道堂刻五

　　經四書本　清朱錫旂批校

　　九行十七字　左右雙邊　白口　版心下鐫"崇

　　道堂鐫"

　　19.6×14.5 釐米

天一閣

經 0350

詩經集註二十卷

　宋朱熹撰

　明刻本

　　八行十四字　小字雙行十八字　四周雙邊　黑

　　口

　　20.5×15.5 釐米

浙圖

經 0351

詩經集註八卷

　宋朱熹撰

　明末刻本　佚名批校

　　九行十七字　四周單邊　白口

　　13×12 釐米

紹圖

經 0352

呂氏家塾讀詩記三十二卷

　宋金華呂祖謙撰

　明嘉靖十年(1531)傅鳳翱刻本

　　十四行十九字　左右雙邊　線黑口

　　14.7×12.5 釐米

浙圖　天一閣　浙大

經 0353

詩緝三十六卷

　宋嚴粲撰

　明趙府味經堂刻本

　　九行十八字　四周雙邊　白口　版心上鐫"味

　　經堂"

　　20×14.4 釐米

浙圖　天一閣

經 0354

嚴氏詩緝三十五卷

　宋嚴粲撰

　清畬經書屋抄本

浙圖

經 0355

詩緝三十六卷

　宋嚴粲撰

圖一卷

　清抄本　象山勵乃驥跋

　缺十一卷　三　六至七　十四至十六　二

　　十二　三十二至三十五

浙圖

經 0356

詩緝三十六卷

　宋嚴粲撰

　清抄本

天一閣

經 0357

詩緝三十六卷

　宋嚴粲撰

　清嘉慶十五年(1810)谿上聽彝堂刻本

　　九行十八字　四周雙邊　白口　版心上鐫"味

　　經堂"

19.9×14.5釐米

浙圖　溫圖

經 0358

詩説十二卷總説一卷

　宋劉克撰

　清道光八年（1828）汪氏藝芸書舍刻本

卷九、卷十原缺

　　九行二十二字　左右雙邊　白口

　　22.2×14.3釐米

浙圖

經 0359

詩説十二卷總説一卷

　宋劉克撰

　清抄本

缺四卷　二　九至十　總説

浙大

經 0360

詩經疏義會通二十卷綱領一卷圖一卷

　元朱公遷撰　明王逢輯　明何英增釋

　明嘉靖二年（1523）書林劉氏安正書堂刻

　　本

存十一卷　十至二十

　　十一行十九或二十一字不一　小字雙行二十一

　　　字　四周雙邊　黑口

　　17×13釐米

浙圖

經 0361

詩傳大全二十卷綱領一卷圖一卷

　明胡廣等輯

詩序辨説一卷

　宋朱熹撰

　明永樂十三年（1415）內府刻本

　　十行二十二字　四周雙邊　黑口

　　27×17.8釐米

浙圖　天一閣

經 0362

詩傳大全二十卷綱領一卷圖一卷

　明胡廣等輯

詩序辨説一卷

　宋朱熹撰

　明刻本

存二十卷　詩傳大全全

　　十行二十二字　四周雙邊　黑口

　　27.6×17.8釐米

浙大

經 0363

詩經大全二十卷綱領一卷圖一卷

　明胡廣等輯

詩序辨説一卷

　宋朱熹撰

　明嘉靖元年（1522）建寧書户劉輝刻本

　　十一行二十一字　四周雙邊　黑口

　　17.5×12.9釐米

浙圖

經 0364

詩經大全二十卷

　明胡廣等輯

　明刻本

存九卷　五至十三

　　十一行二十一字　四周雙邊　黑口

　　19×13釐米

天一閣

經 0365

詩傳大全二十卷綱領一卷圖一卷

　明胡廣等輯

詩序辨説一卷

　宋朱熹撰

詩經考異一卷

　宋鄞縣王應麟撰

　明詩瘦閣刻本

　　八行二十一字　左右雙邊　白口　版心下鐫

　　　"詩瘦閣"

19.2×14.4 釐米

天一閣

經 0366

新編詩義集說四卷

明孫鼎撰

明抄本

浙圖

經 0367

詩經億四卷

明王道撰

明徐中立刻本

存三卷　一　三至四

九行二十字　左右雙邊　綫黑口

16.6×12.7 釐米

天一閣

經 0368

重訂詩經疑問十二卷

明烏程姚舜牧撰

明萬曆(1573—1620)六經堂刻五經疑問

本　清鄞縣徐時棟跋

十行二十字　四周單邊　白口

20.5×12.2 釐米

天一閣

經 0369

詩批釋四卷

明安世鳳撰

明萬曆二十九年(1601)刻本

九行十六字　四周雙邊　白口

侍王府

經 0370

爾雅堂家藏詩說二卷

明顧起元撰

清初抄本

浙圖

經 0371

毛詩鄭箋纂疏補協二十卷

明鄞縣屠本畯撰

詩譜一卷

漢鄭玄撰

明萬曆二十二年(1594)玄鑒室刻本

十行二十字　左右雙邊　白口　版心下鐫“玄

鑒室”

21.9×14.6 釐米

浙圖　溫圖＊　浙大

經 0372

詩經四卷小序一卷

明鍾惺評點

明凌杜若刻朱墨套印本

八行十八字　左右雙邊　白口

21.2×14.7 釐米

浙圖

經 0373

詩經四卷小序一卷

明鍾惺評點

明凌杜若刻三色套印本

八行十八字　左右雙邊　白口

21×14.7 釐米

浙圖

經 0374

詩經三卷

明鍾惺評點　明錢塘盧之頤訂正

明溪香書屋刻合刻周秦經書十種本　佚

名批注

九行二十字　四周單邊　白口

20.9×14.6 釐米

浙圖

經 0375

古名儒毛詩解十六種二十四卷

明鍾惺輯

明擁萬堂刻本

存九種十二卷

　　新刻讀詩一得一卷　宋慈溪黃震撰

　　新刻印古詩語一卷　明朱得之撰

　　新刻玉海紀詩一卷　宋鄞縣王應麟撰

　　新刻困學紀詩一卷　宋鄞縣王應麟撰

　　新刻詩攷一卷　宋鄞縣王應麟撰

　　新刻文獻詩考二卷　元馬端臨撰

　　新刻胡氏詩識三卷　明胡纘宗撰

　　新刻讀詩錄一卷　明薛瑄撰

　　新刻逸詩一卷　明鍾惺輯

　十行二十字　左右雙邊　白口

　19.1×14 釐米

浙圖

經 0376

讀風臆評一卷

　明戴君恩撰

　明萬曆四十八年(1620)閔齊伋刻朱墨套

　　印本

　九行十九字　四周單邊　白口

　21.1×15.2 釐米

浙圖　天一閣

經 0377

聖門傳詩嫡冢十六卷

　明吳興凌濛初撰

申公詩說一卷

　題漢申培撰

　明崇禎(1628—1644)刻本

　十行二十字　四周單邊　白口

　19.8×14.5 釐米

浙圖

經 0378

詩經註疏大全合纂三十四卷

　明張溥撰

　明崇禎(1628—1644)刻本

　八行十八字　左右雙邊　白口

　19.8×14.6 釐米

浙圖

經 0379

詩志二十六卷

　明范王孫撰

　明末刻本

　九行二十二字　四周單邊　白口

　20.5×13 釐米

浙圖

經 0380

詩經漁樵野說不分卷

　明泰順夏大煇撰

　清孫鏘鳴家抄本　清瑞安孫鏘鳴校並跋

　十二行二十字　四周雙邊　藍口　版心下鐫

　　"止庵校寫珍藏"

　17.7×13.1 釐米

玉海樓

經 0381

田間詩學不分卷

　清錢澄之撰

　清康熙二十八年(1689)錢氏鄴雄堂刻本

　十行二十三字　左右雙邊　白口

　17.8×13.6 釐米

溫圖　衢博

經 0382

詩經集說不分卷

　清陸元輔輯

　清抄本

浙圖

經 0383

詩所八卷

　清李光地撰

　清雍正六年(1728)刻本

　九行二十字　左右雙邊　白口

　17.7×13.5 釐米

紹圖

詩類

經 0384

毛詩日箋六卷

清秦松齡撰

清康熙(1662—1722)挺秀堂刻本

十行二十一字　左右雙邊　黑口

16.9×11.8 釐米

浙圖　溫圖*　天一閣

經 0385

欽定詩經傳說彙纂二十一卷首二卷詩序二卷

清王鴻緒等撰

清雍正五年(1727)內府刻本

大字八行十八字　中字二十二字　小字雙行二十二字　四周雙邊　白口

22×16 釐米

浙圖　諸暨圖

經 0386

毛詩稽古編三十卷

清陳啓源撰

清嘉慶十八年(1813)龐佑清刻本

十行二十五字　左右雙邊　白口

21×14.6 釐米

浙圖　溫圖

經 0387

讀詩質疑三十一卷首十五卷

清嚴虞惇撰

末一卷

清嚴有禧輯

清乾隆(1736—1795)繩武堂刻本

缺末一卷

十一行二十二字　左右雙邊　白口

19.8×14.6 釐米

浙圖

經 0388

詩經正訛八卷字攷一卷

清王隼撰

清康熙二十三年(1684)王隼大樗堂刻本

九行十八字　左右雙邊　白口　版心下鐫"大樗堂"

18×14.3 釐米

浙圖

經 0389

陸堂詩學十二卷讀詩總論一卷

清平湖陸奎勳撰

清康熙五十三年(1714)陸氏小瀛山閣刻本

十一行二十三字　左右雙邊　白口

19.3×14.4 釐米

浙圖　杭圖

經 0390

毛詩説二卷

清秀水諸錦撰

清乾隆二十一年(1756)春暉堂刻絳跗閣經説三種本

存一卷　下

十行二十一字　四周雙邊　白口

17.2×12.4 釐米

嘉圖

經 0391

毛詩説二卷首一卷

清秀水諸錦撰

清硤川費氏抄本

十行字數不一　四周雙邊　線黑口

14×9.6 釐米

浙圖

經 0392

詩貫十四卷

清張敘撰

清乾隆(1736—1795)刻本

九行二十五字　左右雙邊　白口

18.3×12.7 釐米

浙圖

經 0393

沈氏詩醒八牋二十五卷

清山陰沈冰壺撰

稿本

浙圖

經 0394

沈氏詩醒八牋二十五卷

清山陰沈冰壺撰

稿本

缺五卷　十一至十四　二十四

十一行二十四字　四周雙邊　白口

20.6×15 釐米

天一閣

經 0395

讀詩偶筆一卷

清何元璜撰

胡氏霜紅簃抄本

十行二十一字　左右雙邊　綠口

17×11.7 釐米

浙圖

經 0396

風雅遺音二卷

清鄞縣史榮輯

清乾隆十四年(1749)一灣齋刻本

八行二十字　四周單邊　白口　版心下鐫“一

灣齋”

17.7×13.3 釐米

浙圖

經 0397

風雅遺音不分卷

清鄞縣史榮輯

清抄本

天一閣

經 0398

詩經審鵠要解六卷

清林錫齡撰

清乾隆(1736—1795)刻本

缺一卷　二

兩欄　下欄九行二十字　四周單邊　白口

18.7×11.8 釐米

嵊州圖

經 0399

詩經審鵠要解六卷

清林錫齡撰

清乾隆(1736—1795)刻本　佚名批校

兩欄　下欄八行二十字　四周單邊　白口

19.5×10.5 釐米

餘杭圖

經 0400

毛詩明辨錄十卷

清秀水沈青崖撰

清乾隆十四年(1749)毛德基刻本

九行十九字　左右雙邊　白口

16.7×12.6 釐米

浙圖

經 0401

詩序廣義二十四卷總論一卷

清象山姜炳璋輯

清嘉慶二十年(1815)姜人寬刻本

十一行二十二字　左右雙邊　白口

19.1×13.5 釐米

浙圖　溫圖　嘉圖

經 0402

虞東學詩十二卷首一卷

清顧鎮撰

清乾隆三十三年(1768)誦芬堂刻道光十

年(1830)印本

十行二十一字　左右雙邊　白口　版心下鐫

“誦芬堂”

19×13.2 釐米

浙圖

經 0403

詩瀋二十卷

清會稽范家相撰

清乾隆三十九年(1774)古趣亭刻本

十行二十二字　左右雙邊　黑口

17.8×12.6 釐米

浙圖　嘉圖　嵊州圖

經 0404

毛鄭異同考十卷

清程晉芳撰

清抄本

浙圖

經 0405

詩經比義述八卷

清王千仞撰

清乾隆五十五年(1790)刻本

十一行二十一字　左右雙邊　白口

18.8×14.2 釐米

上虞圖

經 0406

御纂詩義折中二十卷

清傅恒等撰

清乾隆(1736—1795)刻本

八行二十字　四周雙邊　白口

21.5×16 釐米

浙圖　溫圖

經 0407

御纂詩義折中二十卷

清傅恒等撰

清乾隆(1736—1795)刻本

缺九卷　五至九　十四至十五　十九至二十

八行二十字　四周雙邊　白口

22.2×16.5 釐米

衢博

經 0408

讀詩私説一卷

清鄞縣董秉純撰

清抄本

天一閣

經 0409

詩經題竅四卷

清曹天膚撰　清江騰蛟增訂

清乾隆二十六年(1761)刻本

九行二十字　四周單邊　白口

16.2×12 釐米

杭圖

經 0410

毛詩通説二十卷補遺一卷首二卷

清任兆麟撰

清乾隆(1736—1795)經笥堂刻本

缺六卷　十一　十七至二十　補遺

九行十九字　左右雙邊　綫黑口　版心下鐫"經笥堂"

17.3×12.1 釐米

玉海樓

經 0411

詩經庭訓便覽五卷

清潘炳綱輯

清乾隆五十九年(1794)養正家塾刻本

兩欄　上欄二十一行十二字　下欄七行十八字　左右雙邊　白口

20.3×14 釐米

浙圖

經 0412

詩序闡真八卷

清諸暨楊有慶撰

清嘉慶十一年(1806)譚經草堂刻本

九行二十二字　左右雙邊　白口

17.4×12.7釐米

浙圖

經 0413

毛詩故訓傳三十卷

清段玉裁撰

清道光九年(1829)廣東學海堂刻皇清經

　解本　朱孔彰批校

十一行二十四字　左右雙邊　白口

18.7×13.7釐米

浙圖

經 0414

讀嚴氏詩緝一卷

清慈谿葉燕撰

稿本

十二行字數不一　四周單邊　白口

18.6×16.2釐米

天一閣

經 0415

嚴氏詩緝補義八卷

清鎮海劉燦撰

清嘉慶十六年(1811)劉氏墨莊刻本

九行二十一字　左右雙邊　白口

18.2×14釐米

浙圖　溫圖

經 0416

讀詩知柄二卷

清蔣紹宗撰

清嘉慶(1796—1820)刻本

九行二十二字　四周雙邊　白口

19.8×12.4釐米

浙圖

經 0417

毛詩説三十卷

清平湖孫燾撰

清嘉慶二十年(1815)孫氏世德堂刻本

十行二十二字　左右雙邊　白口

18.3×14.3釐米

浙圖

經 0418

二南訓女解四卷

清海鹽王純撰

清嘉慶二十一年(1816)自刻本

七行十七字　四周單邊　白口

20.6×13.5釐米

浙圖

經 0419

詩學自怡錄一卷

清慈溪王約撰

清抄本

天一閣

經 0420

詩攷補遺一卷

清丁晏撰

清抄本

浙圖

經 0421

毛詩興體説六卷

清黃應嵩撰

張宗祥抄本　海寧張宗祥跋

十行二十四字　四周單邊　白口　版心下鐫

　"鐵如意館"

17.6×13.7釐米

浙圖

經 0422

詩經輯解二十卷綱領一卷

清鄞縣周道遵撰

稿本

天一閣

經 0423

讀詩記不分卷

　清秀水董燿撰

　稿本

浙圖

經 0424

詩經纂一卷

　稿本

天一閣

經 0425

六家詩名物疏五十五卷

　明馮復京撰

　明萬曆(1573—1620)刻本

　九行十九字　四周單邊　白口　有眉欄

　21.4×13 釐米

浙圖

經 0426

毛詩名物圖説九卷

　清徐鼎撰

　清乾隆三十六年(1771)刻本

　上圖下文　十四行二十字　四周單邊　白口

　22×15.3 釐米

溫圖

經 0427

毛詩名物略四卷

　清朱桓撰

　清嘉慶七年(1802)蔚齋刻本

　九行十九字　四周雙邊　白口

　17.3×11.5 釐米

溫圖

經 0428

詩傳名物集覽十二卷

　清陳大章撰

　清康熙(1662—1722)刻本

　十二行二十二字　左右雙邊　白口

　19×14.8 釐米

浙圖

經 0429

詩識名解十五卷

　清錢塘姚炳撰

　清康熙四十七年(1708)聽秋樓刻本

　九行二十字　四周單邊　白口

　18.3×14.3 釐米

浙圖

經 0430

詩學緒餘不分卷

　清張廷儀撰

　清乾隆四十年(1775)自刻本

　九行二十字　左右雙邊　黑口

　17.3×12.9 釐米

浙大

經 0431

草木疏校正二卷

　清仁和趙佑撰

　清乾隆(1736—1795)白鷺洲書院刻本

　九行二十字　四周雙邊　白口

　21×14.8 釐米

浙大　中醫大　中醫研院

經 0432

毛詩天文考一卷

　清洪亮吉撰

　清咸豐元年(1851)刻本

　十一行二十四字　四周單邊　黑口

　21.5×15.3 釐米

浙圖

經 0433

毛詩古音攷四卷

　明陳第撰

　明末金閶五雅堂刻本

　九行十八字　左右雙邊　白口

19.5×14釐米

浙圖

經 0434

詩經叶音辨譌八卷

　　清劉維謙撰

　　清乾隆三年(1738)壽峰書屋刻本

　　八行十九字　四周單邊　白口　版心下鐫"壽
　　　峰書屋"

　　18.8×14.6釐米

浙圖　天一閣　浙大

經 0435

詩本音補正一卷

　　清查景綏撰

　　稿本　文素松跋

浙圖

經 0436

詩傳一卷

　　明萬曆四十五年(1617)張鶴鳴刻本

　　八行十六字　四周單邊　白口

　　19.3×12.5釐米

杭圖

經 0437

魯詩世學三十二卷

　　宋鄞縣豐稷正音　明鄞縣豐熙正說　明
　　　鄞縣豐坊考補

　　明抄本

　　存十五卷　一至十五

　　十五行二十字　四周單邊　白口

　　21.5×19.5釐米

天一閣

經 0438

齊詩翼氏學四卷

　　清迮鶴壽撰

　　清嘉慶十七年(1812)蓬萊山房刻本

　　十行二十字　左右雙邊　白口

18.7×14釐米

浙圖

經 0439

**韓詩內傳徵四卷補遺一卷疑義一卷韓詩敘
　　錄二卷**

　　漢韓嬰撰　清宋綿初輯

　　清乾隆六十年(1795)志學堂刻本

　　十行二十二字　左右雙邊　白口

　　17×13釐米

浙圖　溫圖

經 0440

韓詩內傳攷不分卷

　　清餘姚邵晉涵撰

　　清沈氏鳴野山房抄本

　　十行二十字　四周單邊　白口　版心下鐫"鳴
　　　野山房鈔本"

　　19.2×14.2釐米

浙圖

經 0441

**韓詩內傳并薛君章句考四卷附錄一卷二雨
　　堂筆談一卷附編一卷**

　　清上虞錢玫撰

　　清抄本

　　九行二十一字　左右雙邊　白口

　　18.9×13.1釐米

浙圖

經 0442

**韓詩內傳并薛君章句考四卷附錄一卷二雨
　　堂筆談一卷附編一卷**

　　清上虞錢玫撰

　　清抄本

　　九行二十一字　左右雙邊　黑口

　　18.9×12.8釐米

浙大

經 0443

詩外傳十卷

　漢韓嬰撰

　明嘉靖十四年(1535)蘇獻可通津草堂刻
　本

存五卷　一至五

　　九行十七字　左右雙邊　白口　版心下鐫"通
　　津草堂"

　　20.1×14.8 釐米

浙圖　天一閣

經 0444

詩外傳十卷

　漢韓嬰撰

　明嘉靖(1522—1566)沈辨之野竹齋刻本
　　佚名批注

　　九行十七字　左右雙邊　白口

　　20×14.8 釐米

浙圖

經 0445

詩外傳十卷

　漢韓嬰撰

　明嘉靖(1522—1566)沈辨之野竹齋刻本

存二卷　一至二

天一閣

經 0446

詩外傳十卷

　漢韓嬰撰

　清乾隆十七年(1752)張晉康刻本　佚名
　校

　　九行十九字　左右雙邊　白口

　　19.2×14.4 釐米

玉海樓

經 0447

詩外傳十卷

　　漢韓嬰撰

　　清乾隆十七年(1752)張晉康刻本　長興

王修跋

浙圖

經 0448

韓詩外傳十卷

　漢韓嬰撰

　明嘉靖十八年(1539)薛來芙蓉泉書屋刻
　本

　　九行十八字　左右雙邊　白口　版心下鐫"芙
　　蓉泉書屋"

　　18.2×14.2 釐米

浙圖　天一閣＊　玉海樓＊

經 0449

韓詩外傳十卷

　漢韓嬰撰

　明銅活字印本

存二卷　三至四

　　十行二十一字　左右雙邊　白口

　　20.9×14.9 釐米

天一閣

經 0450

新刻韓詩外傳十卷

　漢韓嬰撰

　明萬曆(1573—1620)胡文煥刻百家名書
　本　木石居士曹先達批校並跋　長興
　王修跋

　　十行二十字　左右雙邊　白口

　　19.8×13.8 釐米

浙圖

經 0451

韓詩外傳十卷

　漢韓嬰撰

　明天啓(1621—1627)唐氏快閣刻快閣藏
　書本

　　九行二十字　四周單邊　白口

　　20.5×14.5 釐米

浙圖

經 0452

韓詩外傳十卷

　漢韓嬰撰　清趙懷玉校正

序説一卷補逸一卷

　清乾隆五十五年(1790)趙氏亦有生齋刻
　　本

　　十行二十一字　左右雙邊　白口　版心下鐫
　　"亦有生齋校正本"

　　18.2×13.2釐米

浙圖

經 0453

韓詩外傳十卷

　漢韓嬰撰　清趙懷玉校正

序説一卷補逸一卷

　清乾隆五十五年(1790)趙氏亦有生齋刻
　　本　清德清戴望圈點並題款

玉海樓

經 0454

韓詩遺説二卷

　清臧庸輯

　清董氏六一山房抄本　清鄞縣董沛、會
　　稽趙之謙校並跋

　　十行二十字　四周雙邊　白口　版心下鐫"六
　　一山房鈔"

　　17.2×13.4釐米

天一閣

經 0455

韓詩遺説補一卷

　清會稽陶方琦撰

　清姚氏咫進齋抄本

　　九行　左右雙邊　綠口　版心下鐫"咫進齋鈔
　　本"

　　20.9×14.5釐米

浙圖

經 0456

三家詩拾遺十卷

　清會稽范家相撰

清嘉慶十五年(1810)古趣亭刻本

　　十行二十二字　左右雙邊　黑口

　　18.4×12.8釐米

浙圖

經 0457

三家詩異文釋三卷

　宋鄞縣王應麟集考　清嘉興馮登府疏證

補遺三卷

　清嘉興馮登府撰

　稿本　清嘉興李富孫校

　　十行字數不一　左右雙邊　白口

　　16.8×12.1釐米

浙圖

經 0458

韓魯齊三家詩異字詁三卷

　清嘉興馮登府撰

　稿本　清嘉興李貽德校並跋

　　十行二十二字　左右雙邊　白口

　　16.8×12.1釐米

浙圖

禮類

經 0459

檀弓輯註二卷考工記輯註二卷

　明海寧陳與郊輯

　明萬曆三十二年(1604)刻本

　　十行二十字　左右雙邊　白口

　　20.8×13.7釐米

浙圖　天一閣＊

經 0460

檀弓考工二通四卷

　明徐昭慶輯

　明萬曆(1573—1620)刻本

　　檀弓通二卷

　　考工記通二卷

　　九行十七字　四周單邊　白口

侍王府

周禮

經 0461

周禮六卷
　明嘉靖(1522—1566)刻本
　　十行二十字　左右雙邊　白口
　　19.2×13.4 釐米
浙圖

經 0462

周禮十二卷
　漢鄭玄注
　明刻本
　　八行十七字　四周雙邊　白口
　　20.5×13.6 釐米
溫圖

經 0463

周官禮注十二卷
　漢鄭玄注
　清乾隆五十一年(1786)揚州殷盤刻本
　　九行二十二字　左右雙邊　白口　版心下鐫
　　"一得齋校本"
　　19.2×13.5 釐米
溫圖

經 0464

周禮十二卷
　漢鄭玄注
札記一卷
　清黃丕烈撰
　清光緒十六年(1890)上海蜚英館石印士
　　禮居叢書本　清瑞安孫詒讓校並跋
　　八行十七字　左右雙邊　白口
　　16.4×11.3 釐米
玉海樓

經 0465

周禮六卷
　漢鄭玄注　唐陸德明音義

清乾隆五十二年(1787)福禮堂刻本
　　十二行二十五字　左右雙邊　白口　版心下鐫
　　"福禮堂"
　　20.2×15 釐米
嘉圖

經 0466

周禮六卷
　漢鄭玄注　唐陸德明音義
　清嘉慶十一年(1806)張青選清芬閣刻本
　　清海寧查耀乘跋
　　十二行二十五字　左右雙邊　白口
　　20×14.7 釐米
浙圖

經 0467

附釋音周禮註疏四十二卷
　漢鄭玄注　唐賈公彦等疏　唐陸德明釋
　　文
　元刻明印本
存五卷　十八至二十二
　　十行十七字　小字雙行二十三字　左右雙邊
　　白口
　　19.8×13.4 釐米
浙圖

經 0468

附釋音周禮註疏四十二卷
　漢鄭玄注　唐賈公彦等疏　唐陸德明釋
　　文
　元刻明修本　餘杭章炳麟跋
　　十行十七字　小字雙行二十三字　左右雙邊
　　黑口
　　19.8×13.2 釐米
浙圖

經 0469

周禮註疏四十二卷
　漢鄭玄注　唐賈公彦等疏　唐陸德明釋
　　文

明嘉靖(1522—1566)應檟刻本

九行十八字　四周雙邊　白口

21×15.6 釐米

浙圖

經 0470

王昭禹周禮詳解四十卷

宋王昭禹撰

清抄本

九行十八字　左右雙邊　白口

16.8×11.9 釐米

溫圖

經 0471

禮經會元四卷

宋錢塘葉時撰

明嘉靖五年(1526)蕭梅林刻本

十一行二十四字　左右雙邊　白口

20.7×14.3 釐米

浙大

經 0472

禮經會元四卷

宋錢塘葉時撰

明刻本　清徐鯤批校並跋

十一行二十四字　左右雙邊　白口

21.4×14.4 釐米

天一閣

經 0473

宋葉文康公禮經會元四卷

宋錢塘葉時撰　清平湖陸隴其評定

清乾隆十三年(1748)刻本

九行二十字　左右雙邊　黑口

16.3×14 釐米

浙圖

經 0474

宋葉文康公禮經會元四卷

宋錢塘葉時撰　清平湖陸隴其點定　清

錢塘許元淮輯

清乾隆五十年(1785)黃暹刻本

九行二十字　左右雙邊　白口

16.9×13 釐米

浙圖　玉海樓

經 0475

宋葉文康公禮經會元四卷

宋錢塘葉時撰　清平湖陸隴其點定　清

錢塘許元淮輯

清乾隆五十二年(1787)刻本

九行二十字　左右雙邊　白口

17×13.1 釐米

嘉圖　嵊州圖

經 0476

增刪禮經會元節要十卷

宋錢塘葉時撰　明夏惟寧節要　明胡瓚

增刪　清楊臣靜注

清康熙三年(1664)掌樹軒刻本

缺一卷　六

卷九、十　原注嗣刻

八行二十一字　四周雙邊　白口　版心下鐫

"掌樹軒"

20×12.2 釐米

浙圖

經 0477

周禮總義六卷

宋易祓撰

清乾隆二十年(1755)易祖燾刻本　清瑞

安孫詒讓批校並跋

九行二十字　左右雙邊　黑口

18.3×12.8 釐米

溫圖

經 0478

周禮句解十二卷

宋朱申撰

明刻本

八行十八字　四周雙邊　白口
22×14 釐米
天一閣

經 0479

周禮句解十二卷
宋朱申撰
明刻本
缺三卷　一至三
八行十八字　四周雙邊　白口
22×14.4 釐米
天一閣

經 0480

周禮集説十一卷綱領一卷
元吳興陳友仁輯
復古編一卷
宋俞庭椿撰
明刻本
十一行二十二字　四周單邊　白口
20×12.7 釐米
浙大

經 0481

周禮集説十一卷綱領一卷
元吳興陳友仁輯
復古編一卷
宋俞庭椿撰
編補二卷
明劉儲秀輯
明刻明增刻本
存十一卷　一　三至十一　綱領
十一行二十二字　四周單邊　白口
20.1×12.9 釐米
天一閣

經 0482

周禮集説十一卷綱領一卷
元吳興陳友仁輯
復古編一卷
宋俞庭椿撰

清廣東孔氏嶽雪樓抄本
十一行二十二字　四周雙邊　白口
20×13 釐米
浙大

經 0483

周禮補亡六卷
元丘葵撰
明李緝刻本
十行二十三字　四周單邊　白口
19.5×12.1 釐米
浙大

經 0484

周禮補亡六卷
元丘葵撰
明抄本
存三卷　天官　春官　冬官
十行十八字　四周雙邊　白口
19.5×14.5 釐米
餘杭圖

經 0485

周禮三註六卷
清抄本　佚名批
浙圖

經 0486

周禮集註七卷
明何喬新撰
明嘉靖七年(1528)褚選刻本
存六卷　一至六
九行十八字　左右雙邊　白口
21×14.3 釐米
義烏圖

經 0487

周禮集註七卷
明何喬新撰
明刻本

存二卷　一至二
　　十行二十字　四周雙邊　黑口
　　19×12.7 釐米
天一閣

經 0488
讀禮疑圖六卷
　　明會稽季本撰
　　明嘉靖(1522—1566)刻本
存一卷　六
　　十行二十一字　左右雙邊　白口
　　18.9×13 釐米
天一閣

經 0489
周禮二十卷
　　明吳興陳深批點
　　明凌杜若刻朱墨套印本
　　八行十八字　四周單邊　白口
　　20.2×14.7 釐米
浙圖　杭圖

經 0490
周禮十八卷
　　明吳興陳深注
考工記二卷
　　唐杜牧注
　　明刻本
　　九行二十字　左右雙邊　白口
　　19.5×14.3 釐米
杭博*　平湖博

經 0491
周禮訓雋二十卷
　　明吳興陳深撰
　　明萬曆(1573—1620)刻本
　　九行十八字　四周單邊　白口　有眉欄
　　21.7×14.7 釐米
浙圖　溫圖*

經 0492
周禮述註六卷周禮二氏改官改文議一卷
　　明金瑤撰
　　明萬曆七年(1579)瑤溪金氏一經堂刻本
　　九行十九字　四周單邊　白口
　　19.1×13 釐米
浙圖

經 0493
周禮傳五卷翼傳二卷圖說二卷
　　明王應電撰
　　明嘉靖四十二年(1563)吳鳳瑞刻本
存八卷　周禮傳全　圖說全　翼傳上
　　七行二十二字　四周單邊　白口
　　20×14.4 釐米
浙圖*　天一閣

經 0494
續定周禮全經集註十五卷
　　明王圻撰
　　明萬曆四十一年(1613)刻本
　　九行二十字　左右雙邊　白口
　　20.7×13.2 釐米
溫圖

經 0495
周禮全經釋原十二卷周禮通論一卷周禮傳敘論一卷
　　明柯尚遷撰
　　明隆慶四年(1570)張大忠刻本
　　十行二十字　四周單邊　白口
　　19.5×14.1 釐米
浙圖

經 0496
周禮說十二卷
　　明徐即登撰
　　明萬曆(1573—1620)刻本
　　九行十八字　左右雙邊　白口
　　19.5×14.5 釐米

浙圖

天一閣

經 0497

注釋古周禮五卷考工記一卷

明仁和郎兆玉撰

明天啓(1621—1627)郎氏堂策檻刻本

九行二十字　四周單邊　白口　版心下鐫"堂
策檻"

20.9×13.6 釐米

浙圖　平湖圖

經 0498

重校古周禮六卷

明陳仁錫注釋

明末刻本

十行二十二字　四周單邊　白口

19.2×13.6 釐米

浙圖

經 0499

周禮註疏刪翼三十卷

明王志長撰

明崇禎十二年(1639)葉培恕刻本

八行十九字　左右雙邊　白口

19.2×14 釐米

天一閣

經 0500

周禮註疏刪翼三十卷

明王志長撰

明崇禎(1628—1644)天德堂刻本

八行十九字　左右雙邊　白口

19×14 釐米

浙圖

經 0501

周禮摘要二卷

清乾隆四十九年(1784)竹嶼氏抄本

卷端題"宜興儲氏讀本"、"宜興儲氏定
本"

經 0502

周禮述註二十四卷

清李光坡撰

清乾隆八年(1743)李鍾份清白堂刻三禮
述註本

八行二十二字　四周單邊　白口　版心下鐫
"清白堂"

20×13.3 釐米

浙圖

經 0503

周禮節訓六卷

清黃叔琳撰　清姚培謙重訂

清乾隆四十三年(1778)刻本　佚名批點

九行十九字　左右雙邊　白口

15×11 釐米

餘杭圖

經 0504

欽定周官義疏四十八卷首一卷

清鄂爾泰等撰

清乾隆十九年(1754)武英殿刻欽定三禮
義疏本

大字八行十八字　中字二十二字　小字雙行二
十二字　四周雙邊　白口

22.2×16 釐米

杭圖

經 0505

周禮輯義十二卷

清姜兆錫撰

清康熙(1662—1722)聯墨堂刻本

十行二十五字　四周單邊　白口　版心下鐫
"聯墨堂"

19.9×14.8 釐米

浙圖

經 0506

周禮疑義四十四卷

清錢塘吳廷華撰

清光緒四年(1878)孫氏家抄本　清瑞安
孫詒讓校並跋

存十八卷　三至六　二十三至三十　三十
三至三十六　四十一至四十二

浙大

經 0507

周禮疑義舉要八卷

清江永撰

清乾隆五十六年(1791)刻本

九行二十四字　四周雙邊　白口

19.7×13.6 釐米

上虞圖

經 0508

周官記六卷

清莊存與撰

清抄本　清瑞安孫詒讓校

十行二十字　左右雙邊　白口

19.2×11.6 釐米

浙大

經 0509

周禮軍賦說四卷

清王鳴盛撰

清嘉慶三年(1798)秦鑑刻本

十行十九字　左右雙邊　白口

18.6×14.4 釐米

溫圖

經 0510

周禮軍賦說四卷

清王鳴盛撰

清嘉慶三年(1798)秦鑑刻頤志堂重修本

浙圖

經 0511

周官精義十二卷

清連斗山輯

清乾隆四十一年(1776)安徽官署刻本

九行二十三字　左右雙邊　白口

18.4×13.3 釐米

浙圖　溫圖　嵊州圖　浙大

經 0512

周官精義十二卷

清連斗山輯

清乾隆四十六年(1781)刻本

九行二十三字　左右雙邊　白口

18×13 釐米

平湖圖

經 0513

周禮漢讀考六卷

清段玉裁撰

清嘉慶三年(1798)經韻樓刻經韻樓叢書
本　清瑞安孫詒讓批校

十行二十一字　左右雙邊　白口

17.4×13.1 釐米

溫圖

經 0514

周禮漢讀考六卷

清段玉裁撰

清嘉慶三年(1798)經韻樓刻經韻樓叢書
本　清王昆校　清伊桑跋

浙大

經 0515

**周禮學一卷溝洫圖一卷書五省溝洫圖說後
一卷**

清烏程沈夢蘭撰

清寫刻樣本

十一行二十一字　左右雙邊　白口

16.7×12.4 釐米

浙圖

經 0516
周禮學不分卷
清烏程沈夢蘭撰
清沈氏所願學齋刻本　清瑞安孫詒讓批校
九行二十二字　四周雙邊　白口　版心下鐫"所願學齋書鈔"
18.6×12.2 釐米
溫圖

經 0517
周官集説十二卷
清莊有可撰
清光緒二年(1876)錢無擇抄本　清瑞安孫詒讓跋
浙大

經 0518
周官指掌五卷
清莊有可撰
清同治十一年(1872)抄本　清瑞安孫詒讓跋
十行二十一字　左右雙邊　白口
19.1×11.4 釐米
浙大

經 0519
周禮讀本六卷
清周樽輯
清乾隆五十八年(1793)留餘堂刻本
九行二十二字　四周單邊　白口
19.7×15.5 釐米
嵊州圖

經 0520
禮經釋例十三卷首一卷
清凌廷堪撰
清嘉慶十四年(1809)阮氏刻文選樓叢書本　清瑞安孫詒讓批校
十行二十一字　四周雙邊　白口

17.6×13 釐米
浙大

經 0521
重雕嘉靖本校宋周禮札記一卷
清黃丕烈撰
清劉壽曾抄本　清瑞安孫詒讓校並跋
浙大

經 0522
周禮凝粹六卷
清宋嘉德撰
清抄本
八行二十二字　四周雙邊　黑口
17.8×11.4 釐米
浙大

經 0523
周禮注疏獻疑七卷
清許珩撰
清劉壽曾抄本　清瑞安孫詒讓校並跋
十行十九字　左右雙邊　藍口
16.9×11.8 釐米
浙大

經 0524
周禮經注節鈔七卷
清許珩輯
周禮注疏獻疑七卷
清許珩撰
清嘉慶十六年(1811)自刻本
八行十九字　左右雙邊　黑口
16.2×12.2 釐米
浙圖

經 0525
周禮貫珠二卷
清胡必相輯
清嘉慶九年(1804)鋤經書屋刻本
八行二十一字　四周雙邊　白口

13.5×9.8釐米

浙圖

經 0526

井田圖解不分卷

清衢州徐興霖撰

清道光(1821—1850)活字印本

十行二十四字　四周雙邊　白口

25×18.2釐米

浙圖

經 0527

周禮補注六卷

清呂飛鵬撰

清道光二十九年(1849)旌德呂氏立誠軒
刻本

十行二十一字　左右雙邊　白口　版心下鐫
"立誠軒"

17.3×13.3釐米

浙圖

經 0528

周禮八卷附考工記二卷

清□□輯

清抄本　佚名批校

浙大

經 0529

周禮正義八十六卷

清瑞安孫詒讓撰

稿本

缺七卷　四十　四十八　五十　六十三
七十五至七十七

溫博

經 0530

周禮正義八十六卷

清瑞安孫詒讓撰

稿本　清費念慈跋

存四十卷　一至十　二十六至三十九　四
十四　五十至五十二　五十九　六十四
至六十六　六十八至六十九　七十三
七十六至七十七　八十一至八十二　八
十五

十二行二十三字　左右雙邊　藍口

16.9×11.8釐米

溫圖

經 0531

周禮馬融鄭玄敘一卷

清瑞安孫詒讓輯

稿本

十行二十字　左右雙邊　細藍口

14.8×10.5釐米

浙大

經 0532

周官説不分卷

清抄本　清瑞安孫詒讓跋

浙大

經 0533

批點考工記二卷

漢鄭玄訓注　元吳澄考注　明周夢暘批
評

明趙標刻本

八行十八字　四周雙邊　白口

21.4×14.7釐米

浙圖

經 0534

批點考工記二卷

漢鄭玄訓注　元吳澄考注　明周夢暘批
評

明萬曆(1573—1620)刻本

八行十八字　四周雙邊　白口

20.2×13.4釐米

天一閣

經 0535

鬳齋考工記解二卷

　宋林希逸撰

釋音二卷

　宋刻元延祐四年(1317)重修本　明何煒
　　批注並跋

　存二卷　鬳齋考工記解上　釋音上

　　十行十八字　左右雙邊　白口

　　20.8×15.7 釐米

　浙圖

經 0536

考工記圖解二卷

　宋林希逸撰　明張鼎思補圖　明鄞縣屠
　　本畯補釋

　明萬曆(1573—1620)刻本

　　九行十九字　四周單邊　白口

　　21.1×15.3 釐米

　浙圖

經 0537

考工記圖二卷

　清戴震撰

　清聚奎樓刻本　清瑞安孫詒讓批校

　　九行二十一字　左右雙邊　白口　版心下鐫
　　　"聚奎樓"

　　12.6×9.6 釐米

　浙大

經 0538

考工記集説二卷

　清莊有可撰

　清抄本

　浙大

經 0539

攷工記攷辨八卷

　清王宗涑撰

　清抄本　清瑞安孫詒讓批校

　浙大

經 0540

攷工記攷辨八卷

　清王宗涑撰

　清抄本

　　十行二十一字　左右雙邊　白口

　　19×14.8 釐米

　玉海樓

經 0541

考工記車制圖解二卷

　清阮元撰

　清乾隆(1736—1795)七錄書館刻本

　　十行二十字　四周單邊　白口

　　18.5×14 釐米

　浙圖

經 0542

考工記車制圖解二卷

　清阮元撰

　清乾隆(1736—1795)七錄書館刻本　清
　　瑞安孫詒讓批校

　浙大

儀禮

經 0543

儀禮十七卷

　元刻明遞修本

　　十行二十字　四周單邊或左右雙邊　白口或黑
　　　口

　　18.3×12.4 釐米

　天一閣

經 0544

儀禮十七卷

　明刻本

　　十行二十字　左右雙邊　白口

　　19×13.2 釐米

　天一閣

經 0545

儀禮十七卷

漢鄭玄注

明正德十六年(1521)陳鳳梧刻本

十行二十字　四周單邊　黑口

20.5×14 釐米

天一閣　浙大

經 0546

儀禮十七卷

漢鄭玄注

明嘉靖(1522—1566)徐氏刻三禮本

八行十七字　四周雙邊　白口

19.3×13.9 釐米

浙圖

經 0547

儀禮十七卷

漢鄭玄注

明嘉靖(1522—1566)徐氏刻三禮本　佚
名校點

浙圖

經 0548

儀禮注疏十七卷

漢鄭玄注　唐賈公彥等疏　唐陸德明釋
文

明嘉靖(1522—1566)應檟刻本

九行十八字　四周雙邊　白口

21×15.5 釐米

浙圖

經 0549

儀禮註疏十七卷

漢鄭玄注　唐賈公彥等疏　唐陸德明釋
文

明萬曆二十一年(1593)北京國子監刻十
三經註疏本　清顧廣圻校並跋

九行二十一字　左右雙邊　白口

22.7×15 釐米

天一閣

經 0550

儀禮註疏十七卷

漢鄭玄注　唐賈公彥等疏　唐陸德明釋
文

明萬曆二十一年(1593)北京國子監刻清
康熙二十五年(1686)北京國子監重修
十三經註疏本　清彭元瑞臨張爾岐句
讀並校跋

九行二十一字　左右雙邊　白口

22.6×15 釐米

浙大

經 0551

儀禮圖十七卷旁通圖一卷

宋楊復撰

元刻明修本〔卷十六、十七、旁通圖配清
抄本〕

十行二十字　左右雙邊　白口間黑口

18.4×12.5 釐米

浙圖

經 0552

儀禮圖十七卷旁通圖一卷

宋楊復撰

元刻明修本

存十四卷　儀禮圖一至十三　旁通圖

十行二十字　左右雙邊　白口間黑口

18.3×12.4 釐米

天一閣

經 0553

儀禮圖十七卷旁通圖一卷

宋楊復撰

明嘉靖十五年(1536)呂柟刻本

十行二十字　左右雙邊　白口

20.7×15.5 釐米

天一閣

禮類

經 0554

儀禮集説十七卷

　元烏程敖繼公撰

　元大德(1297—1307)刻本

缺一卷　八

十二行十八字　左右雙邊　綫黑口

22.2×17.6 釐米

天一閣

經 0555

儀禮鄭註句讀十七卷監本正誤一卷石本誤字一卷

　清張爾岐撰

　清乾隆八年(1743)高氏和衷堂刻本

九行二十四字　左右雙邊　白口

18.5×15 釐米

浙圖

經 0556

讀禮通考一百二十卷

　清徐乾學撰

　清康熙三十五年(1696)冠山堂刻本

十三行二十一字　小字雙行三十一字　左右雙邊　白口

19×14.9 釐米

浙圖　溫圖　嘉圖*

經 0557

讀禮通考一百二十卷

　清徐乾學撰

　清康熙三十五年(1696)冠山堂刻乾隆(1736—1795)秦氏味經窩印本

餘杭圖*　浙大

經 0558

儀禮約編三卷

　清汪基撰

　清康熙乾隆間(1662—1795)汪氏敬堂刻三禮約編本

兩欄　下欄九行十八字　四周單邊　白口

20×13.7 釐米

溫圖

經 0559

儀禮易讀十七卷

　清山陰馬駉輯

　清乾隆二十年(1755)悅六齋刻本

兩欄　下欄九行二十字　左右雙邊　白口　版心下鐫"悅六齋藏板"

21×14.4 釐米

上虞圖　衢博*

經 0560

儀禮易讀十七卷

　清山陰馬駉輯

　清乾隆二十年(1755)悅六齋刻本　佚名錄諸家註

缺六卷　十二至十七

溫圖

經 0561

儀禮易讀十七卷

　清山陰馬駉輯

　清乾隆四十一年(1776)山陰縣學刻本

兩欄　下欄九行二十字　左右雙邊　白口

21.3×14.6 釐米

浙圖

經 0562

儀禮章句十七卷

　清錢塘吳廷華撰

　清乾隆二十二年(1757)吳壽祺刻本

十行二十一字　左右雙邊　白口

18.6×14.2 釐米

浙圖

經 0563

儀禮章句十七卷

　清錢塘吳廷華撰

　清乾隆五十九年(1794)金閶書業堂刻本

十行二十一字　左右雙邊　白口

18.9×14 釐米

浙圖

經 0564

儀禮章句十七卷

清錢塘吳廷華撰

清乾隆(1736—1795)梅園居刻本　題籤
堂校

十行二十一字　左右雙邊　白口

18×13.8 釐米

玉海樓

經 0565

儀禮管見三卷附一卷

清錢塘褚寅亮撰

清乾隆(1736—1795)刻本

十行二十一字　左右雙邊　白口

18.9×13.5 釐米

浙圖

經 0566

儀禮經注疏正譌十七卷

清金曰追撰

清乾隆五十三年(1788)肅齋家塾刻本

八行十七字　左右雙邊　黑口

16.8×12.3 釐米

浙圖

經 0567

儀禮讀本六卷首一卷

清周樽輯

清乾隆五十八年(1793)留餘堂刻本

九行二十二字　四周單邊　白口

19.9×15.4 釐米

嵊州圖

經 0568

儀禮圖六卷

清張惠言撰

清嘉慶十年(1805)阮氏刻本

十八行二十六字　四周雙邊　白口

24.6×25 釐米

浙圖　溫圖

經 0569

檀氏儀禮韻言塾課藏本二卷

清檀萃撰

清嘉慶四年(1799)嘉樹堂刻本

九行十九字　四周單邊　白口　眉上鐫評

18.1×13.1 釐米

浙圖

經 0570

雙峰先生內外服制通釋九卷

宋天台車垓撰

清抄本

缺二卷　八至九

浙圖

經 0571

儀禮釋宮一卷

宋李如圭撰

清十年讀書室抄本

十一行二十一字　四周雙邊　白口　版心下鐫
"十年讀書室"

17.8×13 釐米

浙圖

經 0572

儀禮釋官九卷首一卷

清胡匡衷撰

清嘉慶二十一年(1816)胡氏研六閣刻本

十行二十一字　左右雙邊　白口

17.8×13.2 釐米

浙圖

禮記

經 0573

禮記七卷

明萬曆二十四年(1596)宋廷訓、李登刻

六經正義本

　八行十五字　四周雙邊　白口

24.2×16.8 釐米

浙圖

經 0574

禮記三十卷

　明莊襘刻本

存十五卷　十六至三十

　九行十八字　四周雙邊　黑口

24.4×20.2 釐米

天一閣

經 0575

禮記二十卷

　漢鄭玄注

釋文四卷

　唐陸德明撰

　清嘉慶十一年(1806)張敦仁影宋淳熙四

　　年(1177)撫州公使庫刻本

撫本禮記鄭注考異二卷

　清張敦仁撰

　清嘉慶十一年(1806)張敦仁刻本

　十行十六字　小字雙行二十四字　四周雙邊

　　白口

20.7×15.4 釐米

浙圖

經 0576

禮記註疏六十三卷

　漢鄭玄注　唐孔穎達疏　唐陸德明音義

　明崇禎十二年(1639)毛氏汲古閣刻十三

　　經註疏本　清謝章鋌校並跋

　九行二十一字　左右雙邊　白口　版心下鐫

　　"汲古閣"

17.9×12.6 釐米

浙圖

經 0577

附釋音禮記註疏六十三卷

　漢鄭玄注　唐孔穎達疏　唐陸德明釋文

元刻明修本

　十行十七字　小字雙行二十三字　左右雙邊或

　　四周單邊　白口或黑口

20×13.3 釐米

浙圖

經 0578

附釋音禮記註疏六十三卷

　漢鄭玄注　唐孔穎達疏　唐陸德明釋文

　清乾隆六十年(1795)和珅影宋刻本

　十行十七字　小字雙行二十三字　左右雙邊

　　綫黑口

19.3×13.3 釐米

浙圖

經 0579

禮記集説一百六十卷

　宋衛湜撰

　明抄本

存二十四卷　一百十三至一百三十六

　十三行二十五字　四周單邊　白口

21.2×15.5 釐米

天一閣

經 0580

禮記纂言三十六卷

　元吳澄撰

　明正德十五年(1520)胡東皋刻本

缺五卷　二至六

　十行　小字雙行二十四字　四周雙邊　黑口

22.5×15 釐米

天一閣

經 0581

新刊京本禮記纂言三十六卷

　元吳澄撰

　明嘉靖九年(1530)安正書堂刻本

　十三行二十五字　四周雙邊　白口

18.5×12.8 釐米

浙圖

經 0582

新刊京本禮記纂言三十六卷

　元吳澄撰

　明刻本　佚名批校

缺十六卷　二至十　十五至二十一

　十三行二十五字　四周單邊　白口

　20.7×15 釐米

天一閣

經 0583

禮記集説十六卷

　元陳澔撰

　明正統十二年(1447)司禮監刻本

　八行十四字　小字雙行十八字　四周雙邊　黑口

　23×16.5 釐米

浙圖　天一閣

經 0584

禮記集説三十卷

　元陳澔撰

　明嘉靖十一年(1532)建寧府刻本

　九行十七字　四周雙邊　黑口

　20.5×13.8 釐米

天一閣＊　浙大

經 0585

禮記集説三十卷

　元陳澔撰

　明嘉靖(1522—1566)應櫃刻本

　九行十八字　四周雙邊　白口

　21.1×15.5 釐米

浙圖

經 0586

禮記集説三十卷

　元陳澔撰

　明嘉靖三十年(1551)倪淑刻萬曆二十三年(1595)倪甫英等重修本

　九行十七字　左右雙邊　白口　有眉欄

　19.1×14 釐米

浙圖

經 0587

禮記集説三十卷

　元陳澔撰

　明嘉靖三十五年(1556)廣東崇正堂刻本

　八行十四字　四周雙邊　黑口

　20.6×15.4 釐米

浙圖

經 0588

禮記集説三十卷

　元陳澔撰

　明嘉靖(1522—1566)吉澄刻楊一鶚重修本

　九行十七字　左右雙邊　白口　有眉欄

　20×14.2 釐米

天一閣

經 0589

禮記集説三十卷

　元陳澔撰

　明刻本

存十四卷　三至十六

　九行十七字　四周單邊　白口

　10.6×7.4 釐米

天一閣

經 0590

禮記集説十卷

　元陳澔撰

　明刻本

　九行十八字　四周雙邊　黑口

　12.1×8.9 釐米

浙圖

經 0591

禮記集傳十卷

　元陳澔撰

明嘉靖九年（1530）張祿、朱廷聲等刻五
經本

　九行十七字　左右雙邊　白口　版心下鐫"湖
　廣官書"

　19.1×13.6 釐米

浙圖　天一閣＊

經 0592

禮記集註十卷

　元陳澔撰

　明書林新賢堂張閩岳刻本

　　十行十八字　四周單邊　白口

　　13.4×11.7 釐米

杭圖

經 0593

禮記旁訓六卷

　元李恕撰

　明萬曆二十三年（1595）鄭汝璧、田疇刻
　　五經旁訓本

　　七行二十字　左右雙邊　白口

　　21.7×15.6 釐米

杭圖

經 0594

禮記集説大全三十卷

　明胡廣等輯

　明刻本　清鄞縣徐時棟跋

　　十行二十二字　四周雙邊　黑口

　　27.1×18 釐米

天一閣

經 0595

禮記集説大全三十卷

　明胡廣等輯

　明刻本

　存三卷　三　五至六

　　十行二十二字　四周雙邊　黑口

　　26.8×18 釐米

天一閣

經 0596

張翰林校正禮記大全三十卷

　明胡廣等撰　明張瑞圖、沈正宗校正

　明刻本

　　兩欄　下欄大字七行十六字　四周雙邊　白口

　　23.4×13.9 釐米

浙圖

經 0597

新刊禮記正蒙講意三十八卷

　明陳褒撰

　明嘉靖十六年（1537）左序刻本

　　十行二十二字　四周雙邊　白口

　　18.6×12.3 釐米

浙大

經 0598

禮記明音二卷

　明王覺輯

　明刻本

　　八行十七字　左右雙邊　白口

　　19.9×13.7 釐米

天一閣

經 0599

禮記集註三十卷

　明徐師曾撰

　明萬曆三年（1575）宋儀望刻本

　　九行十七字　左右雙邊　白口　眉注音釋

　　20.5×13 釐米

海寧圖　天一閣＊

經 0600

禮記日錄十四卷圖解一卷

　明黃乾行撰

　明抄本

浙大

經 0601

禮記纂註三十卷

　明湯道衡撰

明刻本

存四卷　一至四

九行十八字　四周雙邊　白口

21.5×14.7 釐米

天一閣

經 0602

説禮約十七卷

明姚江許兆金撰

明末郎九齡等刻本

十行二十三字　四周單邊　白口

21.5×14.5 釐米

浙圖

經 0603

禮經貫四卷

明堵景濂撰

明崇禎(1628—1644)刻本

九行二十三字　四周單邊　白口

20.2×14 釐米

浙圖

經 0604

禮記説統三十五卷

清張之綯撰

清順治十七年(1660)稿本　清劉芳聲等

　序

浙圖

經 0605

禮記纂類三十六卷

清王鍾毅撰

清抄本

九行二十字　左右雙邊　白口

19.9×15.8 釐米

天一閣

經 0606

禮記省度四卷

清彭頤撰

清康熙十一年(1672)刻朱墨套印本

兩欄　下欄八行十六字　四周雙邊　白口

22.6×13.9 釐米

浙圖

經 0607

禮記省度四卷

清彭頤撰

清乾隆元年(1736)武林文治堂刻三色套

　印本

兩欄　下欄八行十六字　四周雙邊　白口

22.3×14.1 釐米

嘉圖　天一閣

經 0608

禮記省度四卷

清彭頤撰

清乾隆四十五年(1780)金閶書業堂刻朱

　墨套印本

兩欄　下欄八行十六字　四周單邊　白口

20.5×13.2 釐米

寧圖

經 0609

禮記省度四卷

清彭頤撰

清乾隆五十七年(1792)刻朱墨套印本

兩欄　下欄八行十六字　四周單邊　白口

20.8×13.6 釐米

浙圖

經 0610

禮記集説八十卷

清歸安鄭元慶撰

清抄本　清程晉芳批注

天一閣

經 0611

禮記體註大全四卷

清錢塘曹士瑋纂輯

清乾隆五十七年(1792)汲古堂刻本

存二卷　一　三

　　兩欄　上欄二十一行二十五字　下欄九行十八

　　字　左右雙邊　白口　版心下鐫"汲古堂"

　　22.5×14 釐米

嵊州圖

經 0612

禮記訓義擇言八卷

　清江永撰

　　清乾隆五十六年(1791)刻本

　　九行二十四字　四周雙邊　白口

　　19.1×13.5 釐米

上虞圖　溫圖

經 0613

續禮記集説一百卷

　清仁和杭世駿撰

　　清抄本

　缺一卷　一百

　　十行二十一字　四周雙邊　白口

　　18.7×14 釐米

浙圖

經 0614

禮記釐編十卷附錄一卷

　清潘相撰

　　清乾隆(1736—1795)刻本

　　九行二十一字　左右雙邊　白口　版心下鐫

　　"汲古閣"

　　17.9×12.6 釐米

嘉圖

經 0615

禮記集解十六卷

　清瑞安孫希旦撰

　　清抄本

　缺一卷　一

溫圖

經 0616

禮記集解六十一卷

　清瑞安孫希旦撰　清瑞安孫鏘鳴校正

　稿本

存三十六卷　一至十四　十八至十九　二十一至二十三　二十五至四十一

溫圖

經 0617

禮記參訂十六卷

　清海寧陳鱣撰

　　劉氏嘉業堂抄本

　　十一行二十四字　左右雙邊　藍口

　　18.8×13.4 釐米

浙圖

經 0618

禮記參訂十六卷

　清海寧陳鱣撰

　　張宗祥抄本　海寧張宗祥跋

　　十行二十四字　四周單邊　白口　版心下鐫

　　"鐵如意館"

　　17.7×13.7 釐米

浙圖

經 0619

禮記衍脱錯考一卷

　清秀水吳瀜撰

　　清抄本

浙圖

經 0620

孫氏禮記集解校注一卷

　清黄巖王棻撰

　　稿本

黃巖圖

經 0621

檀孟批點二卷

　宋謝枋得批點　明楊慎附註

明趙標刻本

八行十八字　四周雙邊　白口

21.3×14.7釐米

浙圖

經0622

檀弓批點二卷

宋謝枋得批點　明楊慎附註　明程拱宸
　　校正

明刻檀孟批點本

八行二十字　四周單邊　白口

20×13.4釐米

天一閣

經0623

檀弓記二卷

宋謝枋得批點　明楊慎附註　明錢塘盧
　　之頤校正

明溪香書屋刻合刻周秦經書十種本　清
　　何焯批點

九行二十字　四周單邊　白口

20.3×14.5釐米

浙大

經0624

檀弓論文二卷

清孫濩孫訂

清康熙六十年(1721)林居仁刻本

八行十八字　左右雙邊　白口

17×12.2釐米

溫圖

經0625

檀弓論文二卷

清孫濩孫訂

清康熙六十年(1721)林居仁刻天心閣印
　　本　題清柱臣批校

浙圖

經0626

檀弓辨誣三卷

清夏炘撰

稿本

九行二十四字　四周雙邊　白口

23.6×16.4釐米

浙圖

經0627

深衣釋例三卷

清任大椿撰

清乾隆四十八年(1783)刻本　清瑞安孫
　　詒讓校並跋

九行二十字　左右雙邊　白口

17.4×13.8釐米

浙大

經0628

儒行集傳二卷

明黃道周輯

明崇禎十五年(1642)王繼廉刻本　清曹
　　序批注並跋

九行二十字　四周單邊　白口

20×14.1釐米

浙圖

經0629

大戴禮記十三卷

漢戴德撰　北周盧辯注

明刻本

十行十八字　左右雙邊　白口

21.2×15.4釐米

浙圖

經0630

大戴禮記十三卷

漢戴德撰　北周盧辯注

明崇禎(1628—1644)沈泰刻本

九行二十字　左右雙邊　白口

20×14.4釐米

浙圖

經 0631

大戴禮記十三卷

漢戴德撰　北周盧辯注

清刻本　朱師轍錄清朱駿聲批校並跋

十行二十一字　四周單邊　白口

18×14.4 釐米

浙圖

經 0632

大戴禮記十三卷

漢戴德撰　宋劉辰翁、明西湖朱養純等
　評

明末朱養純花齋刻本

九行二十一字　四周單邊　白口　版心下鐫
　"花齋藏板"

21×14 釐米

天一閣

經 0633

戴禮緒言四卷

清平湖陸奎勳撰

清康熙(1662—1722)陸氏小瀛山閣刻本

十一行二十四字　左右雙邊　白口

18.7×14.2 釐米

浙圖

經 0634

大戴禮記補注十三卷序錄一卷

清孔廣森撰

清同治十三年(1874)淮南書局刻本　清
　瑞安孫詒讓批校並跋

十行二十字　左右雙邊　黑口

18.4×15.1 釐米

浙大

經 0635

大戴禮記補注二卷

清孔廣森撰

清抄本　清丁授經校注並跋

八行二十四字　四周單邊　白口

18×10.9 釐米

天一閣

經 0636

大戴禮記斠補三卷

清瑞安孫詒讓撰

稿本

十二行二十四字　左右雙邊　綫藍口

17×11.9 釐米

浙大

經 0637

夏小正戴氏傳四卷

宋會稽傅崧卿注

明嘉靖二十五年(1546)袁褧刻本

八行十七字　四周雙邊　白口

21.5×13.3 釐米

天一閣

經 0638

夏小正傳註一卷

宋蘭谿金履祥撰　清張爾岐輯定　清黃
　叔琳增訂

清乾隆十年(1745)黃氏養素堂刻本

九行十八字　左右雙邊　白口　版心下鐫"養
　素堂"

15.9×11.3 釐米

浙圖　溫圖

經 0639

夏小正輯註四卷

清會稽范家相撰

清嘉慶十五年(1810)古趣亭刻本

十行二十二字　左右雙邊　黑口

17.9×12.8 釐米

浙圖

經 0640

夏小正集解四卷

清顧問撰

清乾隆五十七年(1792)敬業堂刻本

九行十九字　左右雙邊　白口

16.6×13.5 釐米

溫圖

經 0641

夏小正正義不分卷

清王筠撰

稿本　姜亮夫、埜東跋

浙大

經 0642

夏小正求是四卷

清鎮海姚燮撰

手稿本

十一行字數不一　左右雙邊　黑口

18.2×13.2 釐米

天一閣

經 0643

夏小正集説四卷

清程鴻詔撰

清同治十一年(1872)汪啓蘭等刻有恒心

　齋集本　清瑞安孫詒讓批

十行二十二字　左右雙邊　黑口

19.5×13.8 釐米

浙大

經 0644

夏小正集説一卷

清程鴻詔撰

清抄本

浙圖

三禮總義

經 0645

韓氏三禮圖説二卷

元韓信同撰

清嘉慶十八年(1813)王氏麟後山房刻本

九行十八字　左右雙邊　黑口　版心下鎸"麟

　後山房"

17.8×13 釐米

浙圖　溫圖

經 0646

三禮考註六十四卷序錄一卷綱領一卷

元吳澄撰

明成化九年(1473)謝士元刻本

十一行二十四字　四周雙邊　黑口

22.2×13.8 釐米

浙圖　天一閣＊

經 0647

吳文正公三禮攷註六十四卷首一卷

元吳澄撰

清乾隆二年(1737)吳越華等刻本

十行二十二字　四周單邊　白口

19.9×13.1 釐米

浙圖

經 0648

三禮攷註十卷序錄一卷綱領一卷

元吳澄撰

明萬曆三十八年(1610)董應舉刻本

十行二十字　左右雙邊　白口

20.7×14.8 釐米

浙圖

經 0649

三禮編繹二十六卷

明鄧元錫撰

明萬曆三十三年(1605)史繼辰、饒景曜

　等刻本

十行二十一字　四周雙邊　白口

21.5×14.8 釐米

杭圖＊　天一閣

經 0650

三禮纂註四十九卷

明貢汝成撰

明萬曆三年(1575)陳俊刻本

八行十八字　左右雙邊　白口

19.8×13.7釐米

浙圖　浙大 *

經 0651

三禮纂註四十九卷

明貢汝成撰

明刻本

缺十七卷　六至七　十一至二十一　二十

五　三十至三十二

八行十八字　左右雙邊　白口

19.5×13.5釐米

天一閣

經 0652

大小宗通繹一卷

清蕭山毛奇齡撰

清光緒二年(1876)金蓉鏡抄本

九行二十五字　左右雙邊　白口

18×10.3釐米

嘉圖

經 0653

讀禮志疑不分卷

清平湖陸隴其撰

清嘉慶二十一年(1816)刻本

十行二十二字　四周雙邊　白口

19.2×14.6釐米

浙圖

經 0654

參讀禮志疑二卷

清汪紱撰

清乾隆三十六年(1771)栖碧山房刻本

十行二十二字　左右雙邊　白口

20×13.7釐米

浙圖

經 0655

弁服釋例八卷表一卷

清任大椿撰

清嘉慶元年(1796)望賢家塾刻本

十一行二十三字　左右雙邊　黑口

18×13.6釐米

浙圖　溫圖

經 0656

禮箋三卷

清金榜撰

清乾隆五十九年(1794)方起泰、胡國輔
刻本

十行二十一字　左右雙邊　黑口

19.1×14.1釐米

溫圖　嘉圖

經 0657

禮箋三卷

清金榜撰

清乾隆五十九年(1794)方起泰、胡國輔
刻嘉慶三年(1798)印本

浙圖

經 0658

禮箋三卷

清金榜撰

清乾隆五十九年(1794)方起泰、胡國輔
刻嘉慶三年(1798)印本　清瑞安孫詒
讓批

溫圖

經 0659

三禮陳數求義三十卷

清林喬蔭撰

清乾隆(1736—1795)刻本　清瑞安孫詒
讓批校

十行二十二字　四周雙邊　白口
20×13.3 釐米
浙大

經 0660
三禮陳數求義三十卷
清林喬蔭撰
清嘉慶八年(1803)誦芬堂刻本
十行二十二字　四周雙邊　白口
20.2×13.3 釐米
浙圖　溫圖*

經 0661
釋服二卷
清宋綿初撰
清嘉慶二十三年(1818)書種堂刻本
十一行二十三字　左右雙邊　白口
20×14.5 釐米
浙圖

經 0662
釋服二卷
清宋綿初撰
清嘉慶二十三年(1818)書種堂刻本　清瑞安孫詒讓批
溫圖

經 0663
周人禮説八卷
清蕭山王紹蘭撰
清王氏知足知不足館抄本
存三卷　二至四
十行二十三字　四周雙邊　白口　版心下鐫“知足知不足館鈔本”
19×14.5 釐米
浙大

經 0664
禮堂集義十六卷
清蕭山王紹蘭撰
清王氏知足知不足館抄本
十行二十一字　四周雙邊　白口　版心下鐫“知足知不足館鈔本”
19.4×14.4 釐米
杭圖

經 0665
禮堂集義四十二卷
清蕭山王紹蘭撰
清王氏知足知不足館抄本
存三卷　四　七　十七
十行二十一字　四周雙邊　白口　版心下鐫“知足知不足館鈔本”
19.5×14.3 釐米
浙大

經 0666
禮制異同攷二卷總目一卷
清餘姚徐佩鉞撰
清嘉慶十五年(1810)南白艸堂刻本
九行十七字　左右雙邊　白口
14.2×9.5 釐米
浙圖

經 0667
求古録禮説十六卷
清臨海金鶚撰
清道光三十年(1850)木犀香館刻本
十行二十一字　左右雙邊　黑口
17.3×13.1 釐米
浙圖

經 0668
禮書附錄十二卷
清陳寶泉輯
清嘉慶二十五年(1820)含暉閣刻本
十行二十五字　左右雙邊　白口　版心下鐫“含暉閣”
17.2×11.4 釐米
浙圖

經 0669

禘祫辨誤二卷

　清程廷祚撰

　清道光五年(1825)東山草堂刻本　葉德
　　輝跋

　　九行二十字　四周單邊　白口　版心下鐫"東
　　山草堂"

　　18.6×13.8 釐米

浙大

經 0670

四禘通釋三卷

　清歸安崔適撰

　清光緒二十年(1894)刻本

　　九行二十一字　左右雙邊　白口

　　16.4×11.8 釐米

浙圖

經 0671

明堂之祀吉禮郊祭周禮雜義鈔一卷

　清末玉海樓抄本

　　十二行二十四字　左右雙邊　綫藍口

　　16.8×12 釐米

浙大

經 0672

作室解一卷附朝制考一卷

　清黃巖金鷹揚撰

　清王氏柔橋隱居抄本　清光緒十二年
　　(1886)黃巖王棻批校並跋

　　九行二十一字　四周雙邊　白口　版心下鐫
　　"柔橋隱居"

　　19.5×13.9 釐米

黃巖圖

通禮

經 0673

禮書一百五十卷

　宋陳祥道撰

　元至正七年(1347)福州路儒學刻明修本

存八十四卷　一至二十五　三十八至五十
　一　六十七至一百十一

　　十三行二十一字　左右雙邊　白口或細黑口

　　22×16.4 釐米

天一閣

經 0674

禮書一百五十卷

　宋陳祥道撰

　明末張溥刻本

　　十行二十字　左右雙邊　白口

　　19.6×14.6 釐米

嘉圖*　浙博　浙大

經 0675

禮書一百五十卷

　宋陳祥道撰

　明末張溥刻本　清瑞安孫詒讓校

浙大

經 0676

禮書一百五十卷

　宋陳祥道撰

　清嘉慶九年(1804)郭氏刻本

　　九行二十一字　四周雙邊　白口　版心下鐫
　　"校經堂"

　　14.8×11 釐米

浙圖

經 0677

儀禮經傳通解三十七卷

　宋朱熹撰

續二十九卷

　宋黃榦、楊復撰

　明正德十六年(1521)劉瑞、曹山刻本

　　十一行二十字　左右雙邊　白口

　　20.1×14.6 釐米

浙圖　天一閣*　浙大*

經 0678

儀禮經傳通解三十七卷

宋朱熹撰

續二十九卷

宋黃榦、楊復撰

明抄本

存五卷　一至二　續六至八

七行十五字　左右雙邊　白口

19.9×14.2 釐米

天一閣

經 0679

儀禮經傳通解三十七卷

宋朱熹撰

續二十九卷

宋黃榦、楊復撰

清初呂氏寶誥堂刻本

十二行二十五字　左右雙邊　白口

19.6×15 釐米

浙圖　嘉圖

經 0680

儀禮經傳通解三十七卷

宋朱熹撰

續二十九卷

宋黃榦、楊復撰

清初呂氏寶誥堂刻本　佚名校點

溫圖

經 0681

四禮彙編□□卷

明抄本

存十三卷

四禮纂要二卷　明王皥撰

冠婚禮要一卷

喪祭禮要一卷

喪禮備纂二卷　明王廷相撰

諭俗禮要一卷　明鄒守益撰

四禮略四卷　明顏木撰

四禮圖一卷

祠堂事宜一卷　明張孟寅撰

士相見禮儀節□卷　存一卷　三

四禮圖考一卷　明衷貞吉撰

十行二十字　四周單邊　白口

21.2×14.9 釐米

浙圖

經 0682

禮樂合編三十卷

明黃廣撰

明崇禎六年(1633)玉磬齋刻本〔目錄、卷

一配清抄本〕

九行二十字　四周單邊　白口　版心下鐫"玉

磬齋"

20.5×14 釐米

浙圖

經 0683

五禮備考一百八十卷

清徐乾學撰

清抄本　佚名批校

缺七卷　二十六　三十四　五十五　七十

六　八十三至八十四　一百二十三

浙圖

經 0684

禮樂通考三十卷

清胡掄撰

清乾隆十四年(1749)藜照軒刻本

十行二十二字　四周單邊　白口　版心下鐫

"藜照軒"

18.5×12.8 釐米

浙圖

經 0685

五禮通考二百六十二卷總目二卷首四卷

清秦蕙田撰

清乾隆(1736—1795)秦氏味經窩刻本

十三行二十一字　小字雙行三十一字　左右雙
　　邊　白口
18.6×14.8 釐米

浙圖　餘杭圖＊　溫圖　嘉圖＊　上虞圖　黃巖
圖　浙大

經 0686

禮書綱目八十五卷首三卷
　清江永撰
　清嘉慶十五年(1810)留真堂刻本
　九行二十二字　左右雙邊　白口
　18.2×13.7 釐米
浙圖　溫圖

經 0687

昏禮通考二十四卷首一卷
　清嘉善曹庭棟撰
　清乾隆(1736—1795)刻本
　十行二十字　左右雙邊　白口
　18.3×13.8 釐米
浙圖　嘉圖＊

經 0688

五禮異義不分卷
　清定海黃以周撰
　稿本
天一閣

雜禮

經 0689

司馬氏書儀十卷
　宋司馬光撰
　清雍正二年(1724)汪郊刻本
　十一行十九字　小字雙行二十四字　左右雙邊
　　綫黑口
　18.8×13.1 釐米
嘉圖　天一閣　湖博

經 0690

文公家禮會通十卷
　明湯鐸撰

明景泰(1450—1456)刻本
存一卷　一
　十一行二十四字　四周雙邊　黑口
　20×13 釐米
天一閣

經 0691

文公家禮儀節八卷
　明丘濬撰
　明正德十二年(1517)應天府刻重修本
　八行十六字　左右雙邊　綫黑口
　19.2×13.2 釐米
浙圖

經 0692

文公家禮儀節八卷
　明丘濬撰
　明萬曆三十六年(1608)錢時刻本
　八行十六字　四周雙邊　綫黑口
　25.3×17.3 釐米
浙圖　天一閣

經 0693

文公家禮儀節八卷
　明丘濬撰
　明刻本
　九行二十字　左右雙邊　白口
　23×14 釐米
浙圖　衢博

經 0694

文公家禮儀節八卷
　明丘濬撰
　明末金陵蘊古堂刻本
　九行十八字　四周單邊　白口
　20×13.3 釐米
溫圖　衢博＊

經 0695

朱子家禮八卷首一卷
　明丘濬輯　明仁和楊廷筠補

四禮初稿四卷
　明宋纁輯

四禮約言四卷
　明呂維祺撰
　清康熙四十年(1701)汪氏刻本
　八行十八字　四周單邊　白口
　18.5×13 釐米
浙圖

經 0696
家禮銓補十卷
　明鄧元錫撰
　明萬曆三十八年(1610)王其玉等刻本
　九行十八字　四周單邊　白口
　20×14.5 釐米
杭圖

經 0697
朱子禮纂五卷
　清李光地輯
　清雍正十一年(1733)李氏教忠堂刻本
　九行二十字　左右雙邊　白口
　17.8×12.9 釐米
浙圖

經 0698
四禮翼八卷
　明呂坤撰
　明萬曆(1573—1620)刻本
　八行二十字　四周雙邊　白口
　22.1×14.5 釐米
浙圖

經 0699
四禮疑五卷喪禮餘言一卷
　明呂坤撰
　明萬曆(1573—1620)呂知思刻本
　八行二十字　四周雙邊　白口
　22×14.5 釐米
浙圖

經 0700
茗洲吳氏家典八卷
　清吳翟撰
　清雍正十三年(1735)紫陽書院刻本
　八行二十二字　左右雙邊　下黑口
　18.9×14.1 釐米
浙圖

經 0701
讀禮小事記前編一卷後編一卷
　清唐鑑撰
　清咸豐五年(1855)黃誠刻本
　十行二十一字　四周雙邊　黑口
　19.9×14.5 釐米
浙圖

經 0702
讀禮漫錄十卷
　清黃紹昌撰
　清抄本　平遠跋
浙圖

樂類

經 0703
聖宋皇祐新樂圖記三卷
　宋阮逸、胡瑗撰
　清抄本
浙圖

經 0704
樂書二百卷目錄二十卷
　宋陳暘撰
　元至正七年(1347)福州路儒學刻明修本
存三十四卷　九十五至一百十二　一百五
　十至一百五十八　一百八十五至一百九
　十一
　十三行二十一字　左右雙邊　白口
　20.5×16.5 釐米
杭博

經 0705

樂書二百卷目錄二十卷

宋陳暘撰

元至正七年(1347)福州路儒學刻明修本

〔目錄、卷一配清抄本〕

浙圖

經 0706

律呂新書二卷八音考略一卷

宋蔡元定撰　清羅登選箋義

清乾隆(1736—1795)刻本

九行二十字　四周單邊　黑口

17.4×13.4 釐米

浙圖

經 0707

大樂律呂元聲六卷大樂律呂考註四卷

明李文利撰　明李元校補

明嘉靖十四年(1535)浙江布政司刻本

十行二十一字　四周雙邊　白口

20.9×14.5 釐米

浙圖　浙大 *

經 0708

苑洛志樂二十卷

明韓邦奇撰

明嘉靖二十七年(1548)王宏等刻本

缺六卷　十至十四　二十

十行十九字至二十二字不一　四周單邊　白口

17.9×13.8 釐米

浙圖

經 0709

苑洛志樂二十卷

明韓邦奇撰

清抄本

浙圖

經 0710

重刻恭簡公志樂二十卷

明韓邦奇撰

清乾隆十一年(1746)薛宗泗刻本

十行二十字　四周雙邊　白口

18.8×13.8 釐米

浙圖　嘉圖 *

經 0711

苑洛志樂十三卷

明韓邦奇撰

清康熙二十二年(1683)吳元萊刻本

十行二十字　四周單邊　白口

20.9×14.5 釐米

天一閣

經 0712

樂律纂要一卷

明會稽季本撰

明嘉靖十八年(1539)宋楫刻本

十行二十字　左右雙邊　白口

18.2×12.9 釐米

浙圖

經 0713

律呂別書一卷

明會稽季本撰

清沈氏鳴野山房抄本

九行二十一字　四周單邊　白口

19.5×12 釐米

天一閣

經 0714

樂經元義八卷

明劉濂撰

明嘉靖(1522—1566)刻本

十行二十一字　四周單邊　白口

19.5×13.3 釐米

浙圖　紹圖

經 0715

律呂解註二卷

明鄧文憲撰

明刻本

存一卷　上

九行二十二字　四周單邊　白口

20.4 × 14.6 釐米

浙圖

經 0716

律呂古義三卷圖一卷

明呂懷撰

明刻本

九行十八字　四周單邊　白口

19.4 × 13.5 釐米

浙圖

經 0717

青宮樂調三卷

明李文察撰

清怡素堂抄本

九行二十五字　四周雙邊　黑口　版心下鎸
"怡素堂"

20.2 × 11.5 釐米

浙圖

經 0718

律呂正聲六十卷

明王邦直撰

明萬曆三十六年(1608)黄作孚刻本

十行二十字　四周單邊　白口

21.1 × 14.5 釐米

浙圖

經 0719

樂律全書三十九卷

明朱載堉撰

明萬曆(1573—1620)鄭藩刻本

律呂精義内篇十卷

律呂精義外篇十卷

律學新説四卷

樂學新説一卷附樂經古文一卷

筭學新説一卷

操縵古樂譜一卷

旋宮合樂譜一卷

鄉飲詩樂譜六卷

六代小舞譜一卷

小舞鄉樂譜一卷

二佾綴兆圖一卷

靈星小舞譜一卷

十二行二十五字　四周雙邊　黑口

25.2 × 20.2 釐米

浙圖　嘉圖＊　浙大

經 0720

樂律全書四十九卷

明朱載堉撰

明萬曆(1573—1620)鄭藩刻增修本

律呂精義内篇十卷

律呂精義外篇十卷

律學新説四卷

樂學新説一卷附樂經古文一卷

筭學新説一卷

操縵古樂譜一卷

旋宮合樂譜一卷

鄉飲詩樂譜六卷

六代小舞譜一卷

小舞鄉樂譜一卷

二佾綴兆圖一卷

靈星小舞譜一卷

聖壽萬年曆二卷

萬年曆備考三卷

律曆融通四卷附錄一卷

浙圖

經 0721

律書詳註一卷

明王正中撰

清初刻本

九行二十字　四周單邊　白口

19.1 × 13.8 釐米

杭圖

經 0722

古樂書二卷

清錢塘應撝謙撰

稿本

存一卷　上

天一閣

經 0723

律呂圖説二卷

清王建常撰

清康熙 (1662—1722) 王弘撰待菴刻本

清鎮海姚景夔題款

十一行二十四字　左右雙邊　白口

18.6×12.6 釐米

浙圖

經 0724

樂書内編二十卷

清張宣猷、鄭先慶撰

清康熙十九年 (1680) 刻本

八行二十字　四周雙邊　白口

19.2×12.8 釐米

天一閣

經 0725

古樂經傳五卷

清李光地注

清雍正五年 (1727) 李清植刻本

九行二十字　左右雙邊　白口

17.4×13.5 釐米

天一閣

經 0726

古樂經傳五卷

清李光地注

清乾隆 (1736—1795) 刻本

九行二十字　左右雙邊　白口

17.8×13.2 釐米

浙圖

經 0727

御製律呂正義上編二卷下編二卷續編一卷

清允祉等撰

清雍正二年 (1724) 内府刻本

九行二十字　四周雙邊　白口

20.8×14.7 釐米

浙圖

經 0728

樂律表微八卷

清德清胡彦昇撰

清乾隆二十八年 (1763) 沈氏刻本

十行二十四字　左右雙邊　白口

19.8×14.1 釐米

浙圖

經 0729

律學攷辯略一卷

清曹裕嗣撰

清乾隆六年 (1741) 凝瑞堂刻本

九行十八字　四周雙邊　白口

22.9×15.7 釐米

浙圖

經 0730

御製律呂正義後編一百二十卷上諭奏議二卷

清允祿、張照等撰

清乾隆十一年 (1746) 武英殿刻朱墨套印本

十行二十一字　四周雙邊　白口

21.3×14.6 釐米

浙圖

經 0731

律呂新義四卷附録一卷

清江永撰

清同治十一年 (1872) 抄本　清瑞安孫詒讓校並跋

浙大

經 0732

欽定詩經樂譜全書三十卷

清永瑢等撰

清乾隆(1736—1795)武英殿活字朱墨套印本

九行二十一字　四周雙邊　白口

19.7×12.6 釐米

浙圖

經 0733

黃鍾通韻二卷

清都四德撰

清乾隆(1736—1795)三餘堂刻本

九行二十字　四周雙邊　白口

18.8×14.6 釐米

浙圖

經 0734

古律經傳附考五卷

清紀大奎撰

清嘉慶十三年(1808)紀大畢刻本

九行二十字　四周雙邊　黑口

17.4×11.8 釐米

浙圖

經 0735

律話三卷

清戴長庚撰

清道光十三年(1833)吾愛書屋刻本

十行二十字　左右雙邊　白口

18.5×13.9 釐米

浙圖

經 0736

集易禮註樂二卷

清抄本

天一閣

春秋類

彙編

經 0737

鍾伯敬評公羊穀梁二傳合刻二十四卷

明鍾惺評

明崇禎九年(1636)陶珽刻本

公羊傳十二卷

穀梁傳十二卷

九行十八字　左右雙邊　白口

19×13.5 釐米

紹圖　衢博＊　浙大＊

經 0738

公羊傳一卷穀梁傳一卷

清王源評訂

清康熙五十五年(1716)刻本

八行十八字　小字雙行二十二字　左右雙邊

白口

17×11.5 釐米

溫圖

經 0739

公穀選二卷

清儲欣輯並評

清乾隆十年(1745)受祉堂刻本

公羊傳選一卷

穀梁傳選一卷

八行二十五字　左右雙邊　白口

19.4×10.5 釐米

平湖圖

經 0740

春秋三書三十一卷

明張溥撰

明末刻本

存春秋列國論二十四卷

十行二十字　四周單邊　白口

19.8×14.2 釐米

溫圖

經 0741

郝氏春秋二種十四卷

清郝懿行撰

清道光七年(1827)趙銘彝刻本

春秋説略十二卷

春秋比二卷

十二行二十四字　四周雙邊　白口

18.5×14.5 釐米

溫圖

左傳

經 0742

春秋經傳集解三十卷

晉杜預撰　唐陸德明釋文

明刻本

八行十七字　四周雙邊　白口

20.2×14 釐米

浙圖　天一閣　浙大

經 0743

春秋經傳集解三十卷

晉杜預撰　唐陸德明釋文

明刻本

八行十七字　四周雙邊　白口

20.3×14 釐米

天一閣

經 0744

春秋經傳集解三十卷

晉杜預撰　唐陸德明釋文

明刻本

八行十七字　四周雙邊　白口

20.6×14.2 釐米

浙圖

經 0745

春秋經傳集解三十卷

晉杜預撰　唐陸德明釋文

明刻本

八行十七字　四周雙邊　白口

20.5×14 釐米

浙圖

經 0746

春秋經傳集解三十卷

晉杜預撰　唐陸德明釋文

明刻本

存四卷　二十一至二十二　二十九至三十

八行十七字　四周雙邊　白口

20.2×13.9 釐米

衢博

經 0747

春秋經傳集解三十卷

晉杜預撰　唐陸德明釋文

明刻本

缺十二卷　一至十二

十行十八字　左右雙邊　白口

15×10.7 釐米

衢博

經 0748

春秋左氏經傳集解三十卷

晉杜預撰　唐陸德明釋文

春秋名號歸一圖二卷

後蜀馮繼先撰

春秋提要一卷

明萬曆八年(1580)金陵親仁堂刻本

九行二十字　左右雙邊　白口

20.6×14.3 釐米

浙圖

經 0749

春秋左傳三十卷

晉杜預注　宋林堯叟音注

明嘉靖二十四年(1545)書林宗文堂鄭希

善刻本

十行二十一字　左右雙邊　白口

17×11.7 釐米

浙圖

經 0750

春秋左傳三十卷

晉杜預注　宋林堯叟音注

明刻本

缺七卷　二十四至三十

十行二十一字　四周雙邊　黑口

18.5×12.5 釐米

天一閣

經 0751

春秋左傳三十卷首一卷

晉杜預注　明鍾惺評

明崇禎四年(1631)毛氏汲古閣刻本

八行十七字　左右雙邊　白口　版心下鐫"汲
古閣"　眉上鐫評

18.8×13.6 釐米

浙圖

經 0752

春秋左傳五十卷

晉杜預、宋林堯叟注　唐陸德明音義
明鍾惺評

明崇禎(1628—1644)寶翰樓刻本

九行二十字　四周單邊　白口

20.7×14 釐米

浙圖

經 0753

春秋左傳五十卷

晉杜預、宋林堯叟注　唐陸德明音義
明餘姚孫鑛、鍾惺批點

清康熙(1662—1722)刻本　清唐仁壽批
校

九行十九字　四周單邊　白口

20.4×14.2 釐米

浙圖

經 0754

春秋左傳杜林合註五十卷

晉杜預、宋林堯叟撰　唐陸德明音義
明吳興閔夢得、閔光德等輯

明萬曆(1573—1620)刻本

十行二十字　左右雙邊　白口　有眉欄

21.2×14.1 釐米

浙圖

經 0755

春秋左傳杜林合註五十卷

晉杜預、宋林堯叟撰　唐陸德明音義
明王道昆、趙如源輯

明天啓(1621—1627)問奇閣刻本

九行二十字　四周單邊　白口　版心下鐫"問
奇閣"

20.5×14.4 釐米

侍王府　嘉圖 *

經 0756

春秋左傳杜林合註五十卷

晉杜預、宋林堯叟撰　唐陸德明音義
明王道昆、趙如源輯

明崇禎(1628—1644)刻本

存二十五卷　五至十　十六至二十　三十
一至四十　四十七至五十

九行二十字　四周單邊　白口

20.4×14.3 釐米

天一閣

經 0757

附釋音春秋左傳註疏六十卷

晉杜預注　唐孔穎達疏　唐陸德明釋文

元刻本

存五卷　五十至五十四

十行十七字　小字雙行二十三字　左右雙邊
白口

19.3×13.3 釐米

浙圖

經 0758

附釋音春秋左傳註疏六十卷

　晉杜預注　唐孔穎達疏　唐陸德明釋文

　元刻明修本

存二十五卷　三十六至六十

　　十行十七字　小字雙行二十三字　左右雙邊

　　白口或黑口

　　18.8×13.2 釐米

天一閣

經 0759

附釋音春秋左傳註疏六十卷

　晉杜預注　唐孔穎達疏　唐陸德明釋文

　元刻明修本　餘杭章炳麟跋

浙圖

經 0760

春秋傳註疏六十卷

　晉杜預注　唐孔穎達疏　唐陸德明釋文

　明崇禎十一年(1638)毛氏汲古閣刻十三

　　經註疏本　清謝章鋌校並跋

　　九行二十一字　左右雙邊　白口　版心下鐫

　　"汲古閣"

　　17.7×12.6 釐米

浙圖

經 0761

春秋左氏傳雜論二卷

　宋晁補之撰

　清抄本　清瑞安孫詒讓校

浙大

經 0762

精選東萊先生左氏博議句解十六卷

　宋金華呂祖謙撰　宋張成招注

　明刻本

存八卷　九至十六

　　十行二十字　四周雙邊　黑口

　　19.8×12.8 釐米

天一閣

經 0763

東萊呂先生左氏博議句解六卷

　宋金華呂祖謙撰　明瞿景淳輯

　明嘉靖(1522—1566)刻本

　　十行二十二字　四周雙邊　白口

　　19.8×14 釐米

平湖圖

經 0764

東萊博議四卷

　宋金華呂祖謙撰　清孫執升評選

　清乾隆三十年(1765)呂氏刻本

　　九行二十二字　四周雙邊　白口

　　19×12.9 釐米

嵊州圖

經 0765

春秋左傳詳節句解三十五卷

　宋朱申撰

　明萬曆十年(1582)顧梧芳刻本

　　十行二十一字　四周單邊　白口

　　20.3×14.2 釐米

義烏圖

經 0766

春秋左傳類對賦一卷

　宋徐晉卿撰　清錢塘高士奇補注

　清康熙三十年(1691)刻本

　　十行二十字　左右雙邊　黑口

　　19.9×14.1 釐米

浙圖

經 0767

春秋左傳類解二十卷地譜世系一卷

　明山陰劉績撰

　明弘治十年(1497)淮陰公舍刻本

存六卷　一　十六至十九　地譜世系

　　十二行二十四字　四周雙邊　黑口

　　23.2×15.3 釐米

天一閣

經 0768

春秋左傳類解二十卷地譜世系一卷

　明山陰劉績撰

　明嘉靖七年（1528）崇藩刻本

缺地譜世系一卷

　十行二十字　四周雙邊　黑口

　22.3×16.1 釐米

浙圖

經 0769

唐荊川先生編纂左氏始末十二卷

　明唐順之撰

　明嘉靖四十一年（1562）唐正之刻本

　十行二十字　四周單邊　白口

　19.4×13.9 釐米

浙圖

經 0770

左氏始末十二卷

　明唐順之撰　明徐鑒評

　明萬曆四十二年（1614）徐鑒刻本

　九行二十字　四周雙邊　白口

　21.5×15 釐米

浙圖

經 0771

左氏始末十二卷

　明唐順之撰　明徐鑒評

　明萬曆（1573—1620）刻本

　九行二十字　四周雙邊　白口

　21.4×15 釐米

浙圖

經 0772

春秋左傳屬事二十卷

　明傅遜撰

　明萬曆十三年（1585）日殖齋刻十七年

　　（1589）二十六年（1598）遞修本

存二卷　一至二

　十行二十字　左右雙邊　白口　版心下鐫"日

殖齋梓"

　20.5×15 釐米

天一閣

經 0773

春秋左史捷徑二卷

　明劉守泰輯

　明萬曆（1573—1620）刻本

存一卷　下

　十一行二十三字　左右雙邊　白口

　20×13.8 釐米

天一閣

經 0774

春秋左翼四十三卷首一卷

　明烏程王震撰

　明萬曆三十一年（1603）刻本

　兩欄　下欄九行十九字　左右雙邊　白口

　22.6×13.7 釐米

浙圖＊　浙大

經 0775

左紀十一卷

　明錢應奎撰

　明萬曆三年（1575）華叔陽刻本

　十二行二十字　左右雙邊　白口

　20.2×16.2 釐米

浙圖　天一閣

經 0776

春秋左傳十五卷

　明餘姚孫鑛批點

　明萬曆四十四年（1616）閔齊伋刻朱墨套

　　印本

　九行十九字　四周單邊　白口

　21.4×15.1 釐米

浙圖　溫圖　天一閣

經 0777

左傳評苑八卷

　明餘姚孫鑛輯　明鍾惺注

春秋類

明刻朱墨套印本

九行二十二字　四周單邊　白口

20.6×13.5 釐米

浙圖

經 0778

春秋左傳註評測義七十卷

明吳興凌稚隆撰

明萬曆十六年(1588)刻本

十行二十字　左右雙邊　白口

21.2×15 釐米

天一閣

經 0779

左傳文苑八卷

明張鼐輯　明陳繼儒注

明刻朱墨套印本

九行二十二字　四周單邊　白口

20.7×13.7 釐米

天一閣

經 0780

鐫侗初張先生評選左傳雋四卷

明張鼐輯

明末書林蕭少衢師儉堂刻本

九行二十一字　四周單邊　白口　有眉欄

21.8×12.8 釐米

浙圖

經 0781

左記十二卷

明山陰章大吉撰

明崇禎(1628—1644)刻本

十行二十字　四周單邊　白口

20×13.3 釐米

天一閣

經 0782

春秋左傳典略十二卷

明海鹽陳許廷撰

明崇禎(1628—1644)刻本

八行十九字　四周單邊　白口

22×14.9 釐米

浙圖

經 0783

春秋左傳標釋三十卷

明戴文光撰

明天啓五年(1625)必有齋自刻本

九行十九字　四周單邊　白口　眉上鐫注　版
　　心下鐫"必有齋"

22.4×13.7 釐米

浙大

經 0784

讀左日鈔十二卷補二卷

清朱鶴齡撰

清康熙二十年(1681)刻本

存十卷　一至二　四至九　補全

十行二十二字　四周單邊　白口

18.5×14.5 釐米

餘杭圖

經 0785

左傳分國纂略十六卷

清盧元昌撰

清康熙(1662—1722)刻本　佚名校

兩欄　下欄十行二十二字　四周單邊　白口

22×13.2 釐米

玉海樓

經 0786

左傳事緯十二卷前書八卷

清馬驌撰

清康熙(1662—1722)刻本

九行二十二字　左右雙邊　白口

18.6×14.7 釐米

浙圖*　浙大

經 0787

左傳事緯十二卷左傳字釋一卷

清馬驌撰

清乾隆四十九年(1784)黃暹懷澄堂刻本

九行二十二字　左右雙邊　白口　眉上鐫評

19.2×14.1 釐米

浙圖　寧圖　溫圖　浙大

經 0788

左傳經世鈔二十三卷

清魏禧撰

清乾隆十三年(1748)彭家屏刻本

九行二十一字　左右雙邊　白口

19.3×14 釐米

浙圖　上虞圖

經 0789

左傳選十四卷

清儲欣選

清福省萬卷樓刻本

八行二十五字　四周雙邊　白口

18.2×10.4 釐米

浙圖　溫圖

經 0790

左氏條貫十八卷

清曹基撰

清康熙(1662—1722)刻同德堂印本

九行二十一字　四周單邊　白口

17.5×13.2 釐米

浙圖

經 0791

讀左補義五十卷首二卷

清象山姜炳璋撰

清乾隆三十七年(1772)尊行堂刻本

十一行二十三字　左右雙邊　白口

18.7×14 釐米

浙圖

經 0792

讀左補義五十卷首二卷

清象山姜炳璋撰

清乾隆(1736—1795)醉經樓刻本

十一行二十三字　左右雙邊　白口

18.1×14 釐米

浙圖

經 0793

春秋左傳補註六卷

清惠棟撰

清乾隆三十七年(1772)胡亦常刻乾隆三
十八年(1773)張錦芳續刻本

十一行二十一字　左右雙邊　黑口

17.7×14.4 釐米

浙圖　溫圖　黃巖圖

經 0794

左繡三十卷

清錢塘馮李驊、定海陸浩輯

清乾隆三十六(1771)刻本

缺四卷　十八至二十一

兩欄　下欄八行二十字　左右雙邊　白口　版
心下鐫"華川書屋"

22.3×14.8 釐米

衢博

經 0795

春秋左傳杜注三十卷首一卷

清姚培謙撰

清乾隆十一年(1746)陸氏小鬱林刻本

九行十九字　小字雙行三十字　左右雙邊　白
口

17.2×12.3 釐米

浙圖　嘉圖

經 0796

春秋左傳杜注三十卷首一卷

清姚培謙撰

清乾隆十一年(1746)陸氏小鬱林刻本

清陳浩圈點並跋

餘姚文

經 0797

春秋左傳杜注三十卷首一卷

清姚培謙撰

清乾隆十一年（1746）陸氏小鬱林刻本

清佚名評點並跋

杭圖

經 0798

左傳典則不分卷

清天台齊圖南撰

稿本　清陳立樹跋

天台博

經 0799

左氏節萃十卷

清凌璚王撰

清乾隆二十六年（1761）金閶書業堂刻本

九行二十二字　左右雙邊　白口

18.8×14.2 釐米

浙圖

經 0800

左傳評三卷

清李文淵撰

清乾隆四十年（1775）潮陽縣衙刻本

十一行二十二字　左右雙邊　黑口

17.6×14.4 釐米

浙圖　溫圖　黃巖圖

經 0801

春秋論略四卷

清薛宮撰

清乾隆四十二年（1777）樹滋堂刻本

八行十七字　四周雙邊　白口　版心下鐫“樹
滋堂藏板”

17.2×12.5 釐米

浙圖

經 0802

春秋左傳彙輯四十卷

清吳炳文撰

清乾隆四十八年（1783）南麓軒刻本

缺十卷　三十一至四十

九行二十二字　四周雙邊　白口

15.1×11.3 釐米

浙圖

經 0803

春秋左傳釋人十二卷附錄一卷

清范照藜撰

世系一卷年表一卷

清嘉慶八年（1803）如不及齋刻本〔卷二
至六配清抄本〕

十行二十三字　左右雙邊　白口　版心下鐫
“如不及齋”

19.3×15.1 釐米

浙圖

經 0804

劉炫規杜持平六卷

清餘姚邵瑛撰

清嘉慶二十二年（1817）桂隱書屋刻本

十一行二十二字　左右雙邊　白口

19.5×13.5 釐米

浙圖　溫圖

經 0805

春秋左氏傳補注十二卷地名補注十二卷

清沈欽韓撰

清咸豐（1851—1861）潘錫爵抄本　清潘
錫爵批校

存六卷　春秋左氏傳補注一至六

浙圖

經 0806

春秋左氏傳補注十二卷地名補注十二卷

清沈欽韓撰

清光緒（1875—1908）王頌蔚抄本　清王
頌蔚批跋並錄清潘錫爵校跋

浙圖

經 0807

春秋左氏傳補注十二卷

清沈欽韓撰

清抄本　清瑞安孫詒讓校

存六卷　一至六

浙大

經 0808

春秋左氏傳補注十二卷

清沈欽韓撰

清抄本

存一卷　七

溫圖

經 0809

春秋左傳音訓不分卷

清楊國楨撰

清道光（1821—1850）刻十一經音訓本

慈溪錢罕批校

九行二十四字　四周單邊　白口

19×14 釐米

天一閣

經 0810

春秋左氏古義六卷

清長興臧壽恭撰

清抄本

十行二十字　四周單邊　白口

21.3×13.7 釐米

浙圖

經 0811

春秋左傳識小錄一卷

清朱駿聲撰

手稿本

十行字數不一　四周雙邊　白口

19.5×12.8 釐米

浙圖

經 0812

春秋左傳異義錄聞三卷

清瑞安孫邦僑撰

稿本

溫圖

經 0813

左傳童觿二卷

清邵董撰

稿本

天一閣

經 0814

左傳童觿二卷

清邵董撰

稿本

天一閣

公羊傳

經 0815

監本附音春秋公羊註疏二十八卷

漢何休注　唐徐彥疏　唐陸德明音義

元刻明修本

十行十七字　小字雙行二十三字　左右雙邊或

四周單邊　白口

19×13.4 釐米

天一閣

經 0816

春秋公羊傳十二卷

明烏程閔齊伋裁注

攷一卷

明烏程閔齊伋撰

明天啓元年（1621）閔齊伋刻清敦化堂印

本

九行十九字　四周單邊　白口

21.2×15.5 釐米

溫圖

經 0817

公羊義疏七十六卷

清陳立撰

清抄本　清瑞安孫詒讓校

溫圖

穀梁傳

經 0818

春秋穀梁傳十二卷

明刻本　佚名批

十行十八字　四周單邊　白口

16.2×13.3 釐米

浙圖

經 0819

監本附音春秋穀梁註疏二十卷

晉范甯集解　唐楊士勛疏　唐陸德明釋
文

元刻明修本

存六卷　一至六

十行十七字　小字雙行二十三字　左右雙邊
白口

18.5×13.1 釐米

天一閣

經 0820

穀梁傳十二卷

明張榜、餘姚孫鑛批點

明末刻本

九行二十字　左右雙邊　白口

19.7×14.2 釐米

浙大

經 0821

春秋穀梁傳十二卷

明烏程閔齊伋裁注

攷一卷

明烏程閔齊伋撰

明天啓元年(1621)閔齊伋刻清敦化堂印
本

九行十九字　四周單邊　白口

20.9×14.9 釐米

溫圖

經 0822

春秋穀梁傳十二卷

明烏程閔齊伋裁注

攷一卷

明烏程閔齊伋撰

明末文林閣唐錦池刻本

九行十九字　四周單邊　白口

20.6×15 釐米

衢博

春秋總義

經 0823

春秋一卷

明刻五經本

九行十七字　四周雙邊　白口

20.3×15 釐米

天一閣

經 0824

春秋啖趙二先生集傳纂例十卷

唐陸淳撰

明刻本

十行二十字　左右雙邊　白口

19.4×14.4 釐米

溫圖

經 0825

春秋集傳辯疑十卷

唐陸淳撰

明刻本

十二行二十二字　左右雙邊　白口

20.2×13.9 釐米

浙圖

經 0826

劉質夫先生春秋通義十二卷

宋劉絢撰

明夢鹿堂抄本　明李待問題款　清丁世
　楠、錢馥跋
缺二卷　一至二
八行二十六字　四周單邊　白口
22.5×12.6 釐米
浙圖

經 0827
春秋尊王發微十二卷
宋孫復撰
明抄本
缺四卷　五至八
九行二十二字　四周雙邊　白口
21×15 釐米
天一閣

經 0828
西疇居士春秋本例二十卷
宋崔子方撰
清初抄本
十三行二十二字　左右雙邊　白口
20.7×15.7 釐米
天一閣

經 0829
春秋傳三十卷
宋胡安國撰
諸國興廢説一卷
明內府刻本
八行十四字　四周雙邊　黑口
22.9×16.3 釐米
浙圖　杭博

經 0830
春秋傳三十卷
宋胡安國撰
諸國興廢説一卷
明刻本
八行十四字　四周雙邊　黑口
20.2×15 釐米

天一閣

經 0831
春秋胡傳三十卷
宋胡安國撰　宋林堯叟音注
綱領一卷提要一卷諸國興廢説一卷列國東
坡圖説一卷正經音訓一卷
明慎獨書齋刻本
九行十八字　四周雙邊　黑口
17×11.7 釐米
天一閣

經 0832
春秋胡傳三十卷
宋胡安國撰　宋林堯叟音注
明刻本
存九卷　二十二至三十
九行十八字　四周雙邊　黑口
16.8×12 釐米
天一閣

經 0833
春秋胡傳三十卷
宋胡安國撰　宋林堯叟音注
綱領一卷提要一卷諸國興廢説一卷列國東
坡圖説一卷正經音訓一卷
明崇仁書堂刻本
存二十七卷　一至七　十一至三十
九行十八字　四周雙邊　白口
17×12 釐米
天一閣

經 0834
春秋胡傳三十卷
宋胡安國撰　宋林堯叟音注
明刻本
存四卷　十五至十八
九行十七字　四周單邊　白口
10.1×7.5 釐米
天一閣

春秋類

經 0835

春秋胡傳三十卷

宋胡安國撰　宋林堯叟音注

綱領一卷提要一卷諸國興廢説一卷列國東
坡圖説一卷正經音訓一卷

明刻本　佚名校評

九行十七字　四周雙邊　白口

13.7×13.3釐米

浙圖

經 0836

春秋胡傳三十卷

宋胡安國撰　宋林堯叟音注

綱領一卷提要一卷諸國興廢説一卷列國東
坡圖説一卷正經音訓一卷

明書林新賢堂張闓岳刻本　題元圃公錄
注

九行十八字　四周單邊　白口

13.8×11.8釐米

上虞圖

經 0837

春秋胡傳三十卷

宋胡安國撰　宋林堯叟音注
明刻本

九行十八字　左右雙邊　白口

20.2×15釐米

天一閣

經 0838

春秋胡傳三十卷

宋胡安國撰　宋林堯叟音注

春秋傳綱領一卷春秋提要一卷春秋列國圖
説一卷春秋諸國興廢説一卷

明崇禎六年(1633)閔齊伋刻本

九行十八字　左右雙邊　白口

20.6×14.4釐米

浙圖

經 0839

春秋傳三十卷

宋胡安國撰　宋林堯叟音注

春秋傳綱領一卷春秋提要一卷春秋列國圖
説一卷春秋諸國興廢説一卷

清乾隆(1736—1795)怡府明善堂刻本

九行十七字　四周雙邊　白口

20.1×14.6釐米

浙圖　天一閣

經 0840

春秋傳三十卷

宋胡安國撰　宋林堯叟音注

春秋傳綱領一卷春秋提要一卷春秋諸國興
廢説一卷春秋列國圖説一卷

清康熙四十七年(1708)華氏敬業堂刻本

九行十八字　左右雙邊　白口

21×14.4釐米

義烏圖

經 0841

春秋傳三十卷

宋胡安國撰　宋林堯叟音注

春秋傳綱領一卷春秋提要一卷春秋諸國興
廢説一卷春秋列國圖説一卷

清乾隆十五年(1750)黃晟槐蔭艸堂刻本

九行十八字　左右雙邊　白口

10.1×8.4釐米

浙圖

經 0842

春秋傳三十卷

宋胡安國撰　宋林堯叟音注

春秋傳綱領一卷春秋提要一卷春秋諸國興
廢説一卷春秋列國圖説一卷

清乾隆五十一年(1786)金閶寶翰樓刻本

九行十八字　左右雙邊　白口

19.5×14.5釐米

浙圖　義烏圖

經 0843

春秋集註三十卷首一卷

　宋胡安國撰　宋林堯叟音注

　明嘉靖三十年(1551)倪淑刻萬曆二十三
　　年(1595)倪甫英、倪家胤重修本

　　九行十八字　左右雙邊　白口　有眉欄

　　20.2×14.4釐米

　浙圖　浙大

經 0844

春秋集註三十卷首一卷

　宋胡安國撰　宋林堯叟音注

　明萬曆元年(1573)金陵唐廷仁刻本

　　九行十八字　四周雙邊　白口　有眉欄

　　12.5×8.8釐米

　浙圖

經 0845

春秋集傳二十六卷綱領一卷

　宋張洽撰

　清抄本　清道光十四年(1834)烏程張鑑
　　跋

　缺七卷　十八至二十　二十三至二十六

　浙圖

經 0846

春秋年表一卷

　宋□□撰

　清抄本

　浙圖

經 0847

則堂先生春秋集傳詳説三十卷綱領一卷

　宋家鉉翁撰

　明抄本

　存十卷　十三至十八　二十三至二十六

　　九行十九或二十字　四周雙邊　白口

　　21.9×15.7釐米

　天一閣

經 0848

春秋本義三十卷

　元鄞縣程端學撰

　元刻本

　存七卷　十六至十八　二十七至三十

　　十行二十二字　左右雙邊　綫黑口

　　22.5×15釐米

　浙圖

經 0849

春秋本義三十卷

　元鄞縣程端學撰

　元刻本

　存十二卷　十三至十八　二十五至三十

　　十行二十二字　左右雙邊　綫黑口

　　22×14.7釐米

　天一閣

經 0850

春秋本義三十卷

　元鄞縣程端學撰

　明甬東書屋抄本

　存六卷　二十五至三十

　　十行二十二字　四周單邊　白口

　　20.5×15.5釐米

　天一閣

經 0851

三傳辨疑二十卷

　元鄞縣程端學撰

　清四美堂抄本

　存九卷　一至二　五至六　十至十一　十
　　六至十八

　　八行二十一字　四周雙邊　黑口　書耳鐫"四
　　美堂寫定未刻本"

　　20.5×13.5釐米

　天一閣

經 0852

春秋師説三卷

　元趙汸撰

春秋類

元至正二十四年(1364)休寧商山義塾刻
明弘治六年(1493)高忠重修本

十三行二十七字　左右雙邊　細黑口

16.8×14 釐米

杭圖

經 0853

春秋屬辭十五卷

元趙汸撰

元至正二十年至二十四年(1360—1364)
休寧商山義塾刻明弘治六年(1493)高
忠重修本

十三行二十七字　左右雙邊　細黑口

16.4×13.9 釐米

天一閣

經 0854

春秋三傳三十八卷

明吳勉學刻本

九行十七字　左右雙邊　白口　有眉欄

20.4×14.4 釐米

浙圖

經 0855

**春秋四傳三十八卷綱領一卷提要一卷列國
東坡圖説一卷春秋二十國年表一卷諸國
興廢説一卷**

明嘉靖(1522—1566)吉澄刻樊獻科重修
本

九行十七字　左右雙邊　白口　有眉欄

20.2×14.2 釐米

天一閣

經 0856

**春秋四傳三十八卷綱領一卷提要一卷列國
東坡圖説一卷春秋二十國年表一卷諸國
興廢説一卷**

明嘉靖(1522—1566)吉澄刻樊獻科、楊
一鶚遞修本　佚名批校

溫圖

經 0857

**春秋四傳三十八卷綱領一卷提要一卷列國
東坡圖説一卷春秋二十國年表一卷諸國
興廢説一卷**

明嘉靖(1522—1566)建寧府書坊刻本

九行十七字　四周雙邊　黑口

21.3×13.8 釐米

浙圖　天一閣

經 0858

**春秋四傳三十八卷綱領一卷提要一卷列國
東坡圖説一卷春秋二十國年表一卷諸國
興廢説一卷**

明嘉靖(1522—1566)建寧府書坊刻重修
本

浙圖

經 0859

春秋四傳三十八卷

明嘉靖(1522—1566)刻本

存三卷　二十七至二十九

九行十七字　四周雙邊　黑口

20.3×13.6 釐米

天一閣

經 0860

**春秋四傳三十八卷綱領一卷提要一卷列國
東坡圖説一卷春秋二十國年表一卷諸國
興廢説一卷**

明刻本

九行十七字　左右雙邊　白口　有眉欄

19.6×14.4 釐米

浙圖

經 0861

**春秋四傳三十八卷綱領一卷提要一卷列國
東坡圖説一卷春秋二十國年表一卷諸國
興廢説一卷**

明杜䔍刻本

九行十七字　左右雙邊　白口　有眉欄

20×14.5 釐米

浙圖

經 0862

春秋四傳三十八卷

明汪應魁貽經堂刻本

存十八卷　十一至二十八

九行十八字　四周雙邊　白口

21.5×15 釐米

海寧圖

經 0863

春秋四傳三十八卷綱領一卷提要一卷列國圖説一卷春秋二十國年表一卷諸國興廢説一卷

明刻本　清姚元之批校並跋

九行十八字　左右雙邊　白口

19.5×14.2 釐米

浙圖

經 0864

春秋集傳大全三十七卷

明胡廣等輯

明嘉靖九年（1530）安正堂刻十一年（1532）劉仕中安正堂印本

存十七卷　十八至三十　三十四至三十七

十一行二十一字　四周雙邊　黑口

16.5×12.5 釐米

天一閣

經 0865

春秋集傳大全三十七卷

明胡廣等輯

明末刻本

中字十一行二十字　小字雙行　四周雙邊　白口　有眉欄

23.3×13.7 釐米

浙圖　天一閣

經 0866

春秋集傳大全三十七卷序論一卷春秋二十國年表一卷列國東坡圖説一卷諸國興廢説一卷

明胡廣等輯

明刻本〔卷三十一至三十七配清抄本〕

十一行二十一字　四周雙邊　黑口

18.9×13 釐米

浙圖

經 0867

春秋集傳大全三十七卷序論一卷春秋二十國年表一卷列國東坡圖説一卷諸國興廢説一卷

明胡廣等輯

明內府刻本

存二十七卷　一至二十三　序論　年表列國東坡圖説　諸國興廢説

十行二十二字　四周雙邊　黑口

26.3×18 釐米

浙圖

經 0868

春秋胡氏傳集解三十卷

明陳喆撰

明嘉靖九年（1530）安正堂刻本

十二行二十三字　四周雙邊　白口

19.7×13.3 釐米

天一閣

經 0869

春秋私考三十六卷首一卷

明會稽季本撰

明嘉靖（1522—1566）刻本

存十二卷　一至三　十三至二十一

十行二十一字　左右雙邊　白口

18.2×12.7 釐米

天一閣

經 0870

春秋世學三十二卷

明鄞縣豐坊撰

明抄本

缺五卷 二十八至三十二

九行二十一字 四周雙邊 白口

22.5×16.5 釐米

天一閣

經 0871

春秋輯傳十三卷凡例二卷宗旨一卷

明王樵撰

明萬曆(1573—1620)刻本

十行二十一字 左右雙邊 白口

21×14.1 釐米

浙圖

經 0872

春秋貫玉四卷世系一卷

明慈谿顏鯨撰

明萬曆三十三年(1605)刻本

八行十七字 四周雙邊 白口

20.6×14.2 釐米

浙圖

經 0873

新鍥李閣老評註左胡纂要四卷

明李廷機撰

明書林劉蓮台刻本

兩欄 下欄十一行二十五字 四周雙邊 白口

21.7×12.6 釐米

浙圖

經 0874

新刻葉李二先生選註春秋二卷

明葉向高選 明李廷機注

明書林詹霖宇刻本

兩欄 下欄九行十八字 四周單邊或四周雙邊
白口

21.6×12.6 釐米

嘉圖

經 0875

春秋孔義十二卷

明高攀龍撰

明崇禎十三年(1640)秦堈刻本

存七卷 一至七

九行十九字 四周單邊 白口

20.2×14 釐米

天一閣

經 0876

公羊穀梁春秋合編附註疏纂十二卷

明海鹽朱泰禎撰

明末刻本

九行十八字 四周單邊 白口

20.9×14.3 釐米

天一閣

經 0877

公羊穀梁春秋合編附註疏纂十二卷

明海鹽朱泰禎撰

明末刻本 佚名批校

九行十八字 四周單邊 白口

21.2×14.1 釐米

浙圖

經 0878

公羊穀梁春秋合編附註疏纂十二卷

明海鹽朱泰禎撰

清乾隆五十八年(1793)敦本堂刻本

九行十八字 四周單邊 白口

20.5×14.5 釐米

平湖圖

經 0879

春秋公羊穀梁傳合纂二卷

明張榜輯並評

明末刻本

九行十八字 四周單邊 白口 眉欄鐫評

20.7×13.5 釐米

浙圖

經 0880

麟經指月十二卷

明馮夢龍撰

明泰昌元年(1620)開美堂刻本

十行三十字　左右雙邊　白口　版心下鐫"開
美堂"

23.4×14.4 釐米

浙圖

經 0881

春秋衡庫三十卷附錄三卷備錄一卷

明馮夢龍撰

明天啓五年(1625)刻本

缺備錄一卷

十行二十字　四周單邊　白口

19.6×13.3 釐米

浙圖

經 0882

春秋衡庫三十卷附錄三卷備錄一卷

明馮夢龍撰

明天啓五年(1625)刻本　清應紀奉批注

十行二十字　四周單邊　白口

19.8×13.3 釐米

天一閣

經 0883

**春秋四家五傳平文四十一卷首一卷春秋五
傳綱領一卷春秋諸國興廢説一卷春秋筆
削發微圖一卷春秋名號歸一圖二卷春秋
二十國年表一卷**

明仁和張岐然輯

春秋提要二卷

明錢塘虞宗瑤輯

明崇禎十四年(1641)君山堂刻本

九行十九字　四周單邊　白口

20.5×14.5 釐米

浙圖

經 0884

春秋旁訓四卷

明嘉靖三十八年(1559)刻本

存二卷　三至四

十行二十字　四周雙邊　白口

19×12.8 釐米

天一閣

經 0885

春秋旁訓四卷

明刻本　清丁晏批注　清丁壽昌跋

十行二十字　左右雙邊　白口

20.8×15.4 釐米

浙圖

經 0886

春秋傳彙十二卷首一卷

清吳興董漢策評

清順治(1644—1661)刻本

八行二十字　四周單邊　白口

19.5×14.2 釐米

浙圖

經 0887

春秋程傳補二十卷

清孫承澤撰

清康熙(1662—1722)刻本

九行十九字　四周單邊　白口

19.2×14.7 釐米

浙圖

經 0888

春秋本義十卷

清顧朱撰

清康熙四十九年(1710)顧鐔思善堂刻本

九行二十字　左右雙邊　白口

19×14 釐米

浙圖

春秋類

經 0889

春秋平義十二卷

清俞汝言撰

清抄本

浙圖

經 0890

春秋指掌三十卷前二卷附二卷

清儲欣、蔣景祁撰

清康熙二十七年(1688)天藜閣刻本

十行二十三字　左右雙邊　黑口

19.8×14.4 釐米

浙圖　嘉圖

經 0891

春秋地名攷略十四卷

清錢塘高士奇撰

清康熙(1662—1722)刻本

十行十九字　四周單邊　白口

18.3×13.9 釐米

浙圖　溫圖

經 0892

欽定春秋傳說彙纂三十八卷首二卷

清王掞等撰

清康熙六十年(1721)內府刻本

八行十八字　小字雙行二十二字　四周雙邊

白口

22.3×16.2 釐米

嘉圖

經 0893

欽定春秋傳說彙纂三十八卷首二卷

清王掞等撰

清刻本

八行十八字　小字雙行二十二字　四周雙邊

白口

21.3×16 釐米

溫圖

經 0894

欽定春秋傳說彙纂三十八卷首二卷

清王掞等撰

清刻本

缺十四卷　九至十　二十七至三十八

八行十八字　小字雙行二十二字　四周雙邊

白口

21.8×16 釐米

義烏圖

經 0895

欽定春秋傳說彙纂三十八卷首二卷

清王掞等撰

清刻本

八行十八字　小字雙行二十二字　四周雙邊

白口

21.9×16.2 釐米

浙圖

經 0896

欽定春秋傳說彙纂三十八卷首二卷

清王掞等撰

清刻本

八行十八字　小字雙行二十二字　四周雙邊

白口

22×16.2 釐米

玉海樓

經 0897

欽定春秋傳說彙纂三十八卷首二卷

清王掞等撰

清刻本

八行十八字　小字雙行二十二字　四周雙邊

白口

21.6×16.1 釐米

寧圖

經 0898

二刻春秋心典傳本十二卷

清胡瑤光、沈世培等撰

清康熙（1662—1722）繪錫堂刻本

兩欄　上欄十八行十八字　下欄九行十七字

左右雙邊　白口　版心下鎸"繪錫堂"

21.3×12.5 釐米

嘉圖

經 0899

春秋宗朱辨義十二卷首一卷

清張自超撰

清乾隆（1736—1795）世耕堂刻本

八行二十二字　四周雙邊　白口　版心下鎸

"世耕堂"

20.8×15.4 釐米

溫圖

經 0900

春秋世族譜一卷

清陳厚耀撰

清雍正三年（1725）自刻本

序八行二十字　四周單邊　白口

21.1×14 釐米

浙圖

經 0901

春秋世本圖譜一卷

清陳厚耀撰

清乾隆五十七年（1792）蓬瀛一徑刻本

四周單邊　白口

18.4×12.7 釐米

嘉圖

經 0902

春秋長曆十卷

清陳厚耀撰

清抄本

浙圖

經 0903

春秋不傳十二卷

清湯啓祚撰

清嘉慶二十四年（1819）循陔堂刻本

十行二十五字　左右雙邊　白口

19×13.4 釐米

浙圖

經 0904

此木軒春秋闕如編八卷

清焦袁熹撰

清嘉慶十二年（1807）錢氏世春堂刻本

十行二十字　左右雙邊　白口

17.1×12.7 釐米

浙圖

經 0905

春秋大事表五十卷輿圖一卷附錄一卷

清顧棟高撰

清乾隆十二年至十四年（1747—1749）萬

卷樓刻本

十一行二十五字　四周單邊　白口　版心下鎸

"萬卷樓"

21.7×15 釐米

浙圖　寧圖　溫圖　嘉圖　諸暨圖＊　嵊州圖＊

天一閣　浙大

經 0906

春秋列國卿大夫世系表二卷

清顧棟高撰

清刻本

左右雙邊　白口

19.3×14 釐米

浙圖

經 0907

春秋正宗十二卷

清呂文欂撰

清乾隆二年（1737）稿本

浙大

經 0908

春秋補傳二卷

清周維槭撰

清乾隆十六年(1751)余兆灝抄本
九行二十五字　四周雙邊　白口
19.1×10.9 釐米
浙圖

經 0909

春秋識小錄初刻三書十卷
　清程廷祚撰
　清乾隆八年(1743)三近堂刻本
　　春秋職官考略三卷
　　春秋地名辨異三卷
　　附晉書地理志證今一卷
　　左傳人名辨異三卷
　　九行二十字　四周單邊　白口
　　17.6×13.9 釐米
浙圖

經 0910

春秋經傳類求十二卷
　清孫從添、過臨汾撰
　清乾隆二十四年(1759)吳禧祖刻本
　　十二行三十四字　左右雙邊　白口
　　20.9×15.1 釐米
浙圖　杭圖*　溫圖

經 0911

春秋取義測十二卷
　清法坤宏撰
　清乾隆五十九年(1794)法氏迂齋刻本
　　十行十九字　左右雙邊　白口　版心下鐫“迂
　　齋藏書”
　　17.3×14 釐米
平湖圖

經 0912

春秋統略刪不分卷
　清葉煥章撰
　清懷冰山房抄本
　　八行二十字　四周單邊　白口　版心下鐫“懷
　　冰山房”
　　20.6×11.9 釐米

浙圖

經 0913

春秋傳質疑六卷
　清天台齊周南撰
　稿本　清天台齊召南批校
存三卷　一至三
天台博

經 0914

春秋辨義十二卷
　清鄭文蘭撰
　清乾隆(1736—1795)珊街活字印本
　　十行二十一字　四周單邊　白口　版心下鐫
　　“珊街藏板”
　　21.1×14.1 釐米
浙圖

經 0915

研經堂春秋事義合註十二卷
　清單鐸撰
　清乾隆(1736—1795)刻本
　　八行二十字　四周雙邊　白口
　　18.3×12.8 釐米
浙圖

經 0916

御纂春秋直解十二卷
　清傅恒等撰
　清乾隆(1736—1795)刻本
　　八行二十字　四周雙邊　白口
　　22.2×16.5 釐米
浙圖　溫圖　義烏圖

經 0917

春秋困學錄十二卷
　清楊宏聲撰
　清乾隆三十九年(1774)尊五堂刻本
　　九行十八字　左右雙邊　白口
　　18.8×14.2 釐米

嘉圖

經 0918

春秋三傳定説十二卷

清張甄陶撰

稿本

浙圖

經 0919

春秋簡融四卷

清諸暨胡序撰

清乾隆五十六年(1791)兩齋活字印本

十行二十一字　左右雙邊　白口　版心下鐫
　"兩齋"

21.7×15.6 釐米

嵊州圖

經 0920

春秋附記十五卷

清翁方綱撰

手稿本

存一卷　九

浙圖

經 0921

**春秋慎行義二卷春秋刑法義一卷春秋使帥
義一卷**

清莊有可撰

清抄本

浙圖

經 0922

春秋説不分卷

清蕭山王紹蘭撰

稿本

十行二十一字　四周雙邊　版心下鐫"知足知
　不足館鈔本"

19.5×14.5 釐米

浙圖

經 0923

春秋君臣世系圖考不分卷

清蕭山周曰年、會稽章深撰

清乾隆五十八年(1793)刻本

十五行二十四字　左右雙邊　白口

19.6×16.3 釐米

浙圖

經 0924

春秋講義衷一二卷

清團維墉撰

清嘉慶(1796—1820)刻本

兩欄　上欄二十二行三十四字　左右雙邊　黑
口

21.3×12.8 釐米

浙圖

經 0925

春秋上律表不分卷

清錢塘范景福撰

稿本　清錢塘丁丙跋

九行二十二字　四周單邊　白口

22×16 釐米

浙圖

經 0926

春秋輯解十二卷

清鄞縣周道遵撰

稿本

天一閣

經 0927

春秋緒論一卷

清抄本

溫圖

附

經 0928

春秋緯元命苞三卷

清抄本

九行二十字　四周雙邊　黑口

13.8×10.4釐米

浙圖

經0929

春秋繁露十七卷

漢董仲舒撰

明刻本

九行十七字　四周雙邊　白口

20×14釐米

天一閣

經0930

春秋繁露十七卷

漢董仲舒撰

明萬曆二十年(1592)程榮刻漢魏叢書本
佚名批點

九行二十字　左右雙邊　白口

19.5×14.1釐米

浙圖

經0931

春秋繁露十七卷

漢董仲舒撰

明刻廣漢魏叢書本　清鄞縣徐時棟校並
跋

九行二十字　左右雙邊　白口

20×14.4釐米

天一閣

經0932

春秋繁露十七卷

漢董仲舒撰

明謝氏有嘉堂抄本

存六卷　十二至十七

十二行二十字　左右雙邊　白口　版心中鐫
"有嘉堂"

19.8×14.3釐米

天一閣

經0933

春秋繁露十七卷

漢董仲舒撰

清乾隆(1736—1795)盧氏抱經堂刻抱經
堂叢書本　清瑞安孫詒讓校

十行二十字　左右雙邊　白口　版心下鐫"抱
經堂校定本"

18.5×13.2釐米

浙大

經0934

春秋繁露十七卷

漢董仲舒撰

清刻本　蕭山單丕校

九行二十字　左右雙邊　白口

19.7×14.4釐米

浙圖

經0935

董子春秋繁露十七卷

漢董仲舒撰

附錄一卷

清乾隆十六年(1751)觀光樓刻本

兩欄　下欄九行十八字　左右雙邊　白口

21×13.4釐米

溫圖

經0936

董子春秋繁露十七卷

漢董仲舒撰

附錄一卷

清光緒二年(1876)浙江書局刻二十二子
本　佚名批校

九行二十一字　左右雙邊　白口

18.9×13.3釐米

溫圖

經0937

春秋繁露十七卷

漢董仲舒撰　明餘姚孫鑛等評

附錄一卷

　　明天啓五年(1625)花齋刻本

　　　九行二十字　四周單邊　白口　版心下鐫"花
　　　　齋藏板"

　　　21×14.2釐米

浙圖　天一閣

經 0938

春秋繁露十七卷

　　漢董仲舒撰　明餘姚孫鑛等評

附錄一卷

　　明天啓五年(1625)花齋刻本　清鄞縣徐
　　　時棟跋

天一閣

經 0939

春秋繁露十七卷

　　漢董仲舒撰　明餘姚孫鑛等評

附錄一卷

　　清康熙(1662—1722)董文昌刻本

　　　九行二十字　四周單邊　白口

　　　20.5×13.8釐米

浙圖

孝經類

經 0940

孝經一卷

　　明崇禎十四年(1641)黃道周抄本　清嘉
　　　慶二十二年(1817)顧蒓、光緒十六年
　　　(1890)羅嘉傑、民國三年(1914)鄭孝
　　　胥、民國十年(1921)安吉吳昌碩跋

西泠印社

經 0941

孝經一卷

　　唐玄宗李隆基注

　　清抄本

　　　十行十五字　左右雙邊　白口

　　　17.6×12.7釐米

浙圖

經 0942

孝經一卷

　　元吳澄注

　　清乾隆二年(1737)刻本

　　　十行二十二字　四周單邊　白口

　　　20.1×13.3釐米

玉海樓

經 0943

**孝經大全二十八卷首一卷或問三卷附孝經
詩一卷**

　　明呂維祺撰

孝經翼一卷

　　明呂維祐撰

　　清康熙二年(1663)呂兆璜等刻本

　　存三十卷　首　孝經大全全　孝經詩

　　　九行十七字　左右雙邊　白口

　　　19.1×14.7釐米

浙圖

經 0944

孝經一卷

　　明趙南星訂注

　　明末趙悦書、趙悦學刻本

　　　七行十六字　四周單邊　白口

　　　20.3×13.5釐米

浙圖

經 0945

御註孝經一卷

　　清世祖福臨撰

　　清初刻本

　　　七行十六字　四周雙邊　黑口

　　　17.3×12.4釐米

溫圖

經 0946

孝經正文一卷內傳一卷外傳四卷

　　清李之素撰

清康熙六十年(1721)寶田山莊刻本

九行二十一字　四周雙邊　白口　版心下鐫
"寶田山莊"

19×13.5釐米

浙圖

經 0947

孝經類解十八卷

清吳之騄撰

清康熙(1662—1722)寶翰樓刻本

九行二十五字　左右雙邊　黑口

20.3×13.5釐米

浙圖

經 0948

孝經通釋十卷總論一卷

清嘉善曹庭棟撰

清乾隆二十一年(1756)刻本

九行十七字　左右雙邊　白口

18.9×14.2釐米

嘉圖

四書類

論語

經 0949

論語鄭氏注二卷

漢鄭玄注　清宋翔鳳輯

清嘉慶道光(1796—1850)刻浮谿精舍叢
書本　清錢塘戴穗孫批注並跋

十行二十一字　左右雙邊　白口

17.6×13.2釐米

浙圖

經 0950

論語集註十卷

宋朱熹撰

明末毛氏汲古閣刻四書六經讀本本　佚
名批點

九行十七字　左右雙邊　白口　版心下鐫"汲
古閣"

17.4×13.5釐米

浙圖

經 0951

論語或問二十卷

宋朱熹撰

明洪珠刻本

存六卷　十五至二十

十行二十二字　左右雙邊　白口

18.8×13.8釐米

天一閣

經 0952

論語商二卷

明周宗建撰

明萬曆四十五年(1617)刻本

九行十九字　四周單邊　白口

21.5×14.9釐米

浙圖

經 0953

鄉黨圖考十卷

清江永撰

清乾隆三十八年(1773)潛德堂刻本　清
鄭文焯校並跋

訂訛一卷

清王煥雲等撰

清抄本

九行二十五字　左右雙邊　白口

19.2×14.2釐米

浙圖

經 0954

鄉黨圖考十卷

清江永撰

清乾隆五十二年(1787)致和堂刻本

九行二十五字　左右雙邊　白口

18.6×14.1釐米

浙大

經 0955
鄉黨圖考十卷
　清江永撰
　清乾隆(1736—1795)刻本
缺二卷　九至十
　　九行二十五字　左右雙邊　白口
　　19.6×14.1 釐米
浙圖

經 0956
鄉黨圖考十卷
　清江永撰
　清乾隆五十八年(1793)金閶書業堂刻本
　　九行二十五字　左右雙邊　白口
　　19.5×14.1 釐米
浙圖

經 0957
鄉黨朝聘解一卷附井田説一卷
　清洪世佺輯
　清抄本
　　十行二十字　四周雙邊　白口
　　19.4×14.8 釐米
杭圖

經 0958
鄉黨義考七卷
　清胡薰撰
　清乾隆六十年(1795)中林書屋刻本
　　九行二十三字　左右雙邊　黑口
　　17.9×13.7 釐米
溫圖

經 0959
論語古訓十卷
　清海寧陳鱣撰
　清乾隆六十年(1795)簡莊刻本
　　十行二十一字　左右雙邊　黑口

　　18.2×14 釐米
浙圖　溫圖

經 0960
論語廣注二卷
　清畢憲曾撰
　清嘉慶八年(1803)培遠堂刻本
　　十行二十一字　左右雙邊　白口
　　17.7×13 釐米
浙圖

經 0961
論語正義二十四卷
　清劉寶楠撰
　清同治五年(1866)刻本　清瑞安孫詒讓
　　校
　　十行二十三字　左右雙邊　白口
　　19.2×13.9 釐米
浙大

經 0962
論語後案二十卷
　清定海黃式三撰
　清道光二十四年(1844)魯岐峰活字印本
　　象山陳漢章批校
　　九行二十四字　四周雙邊　白口　版心下鐫
　　"魯岐峰"
　　23.6×15.5 釐米
浙圖

經 0963
論語後案二十卷
　清定海黃式三撰
　清道光二十四年(1844)魯岐峰活字印本
　　清黃巖楊晨論注
存十卷　十一至二十
黃巖圖

經 0964
戴氏注論語二十卷
　清德清戴望撰

清同治十年(1871)刻本　朱師轍批校

十二行二十四字　左右雙邊　黑口

17.5×13.3 釐米

杭圖

經 0965

論語古注集箋十卷

　　清潘維城撰

　　稿本　清潘錫爵校並跋

浙圖

經 0966

彙鐫論語密解大全十卷

　　清甬上姚循德撰

　　稿本

缺二卷　五至六

天一閣

經 0967

論語漢注不分卷

　　朱孔彰撰

　　稿本

浙圖

孟子

經 0968

孟子章指一卷

　　漢趙岐撰　清海寧周廣業輯

　　稿本

天一閣

經 0969

孟子章指一卷

　　漢趙岐撰　清海寧周廣業輯

　　稿本

浙圖

經 0970

蘇老泉批點孟子二卷

　　題宋蘇洵批點

明萬曆四十一年(1613)程開祜刻本

六行二十字　左右雙邊　白口　有眉欄

24.2×15.3 釐米

平湖圖

經 0971

載詠樓重鐫祟批孟子二卷

　　題宋蘇洵批點

　　清康熙三十三年(1694)沈心友刻朱墨套
　　　印本

九行二十字　四周單邊　白口

19.6×14.5 釐米

浙圖　溫圖

經 0972

增補蘇批孟子二卷

　　題宋蘇洵批點　清趙大浣增補

　　清嘉慶(1796—1820)刻朱墨套印本

九行二十字　四周單邊　白口

18×13.3 釐米

浙圖

經 0973

孟子集註七卷

　　宋朱熹撰

　　明刻本

缺二卷　六至七

九行十七字　左右雙邊　白口　有眉欄

26.5×18 釐米

天一閣

經 0974

孟子集註十四卷序說一卷

　　宋朱熹撰

　　明成化十六年(1480)吉府刻四書集註本

八行十四字　四周雙邊　黑口

22.5×16.5 釐米

天一閣

經 0975

孟子集註十四卷

宋朱熹撰

明刻四書集註本

缺二卷 十三至十四

八行十四字 四周雙邊 黑口

23.2×15.7 釐米

嘉圖

經 0976

孟子張宣公解七卷

宋張栻撰

明抄本

存一卷 一

十一行十九字 四周單邊 白口

21.5×16 釐米

天一閣

經 0977

孟子雜記四卷

明陳士元撰

明隆慶(1567—1572)陳氏浩然堂刻本

九行二十字 四周單邊 白口 版心下鐫"浩

然堂"

19.9×13.6 釐米

浙圖

經 0978

繪孟七卷

明戴君恩撰

明天啓(1621—1627)刻本

九行十九字 四周單邊 白口

臨海博

經 0979

孟子文評不分卷

清趙承謨撰

清乾隆三十五年(1770)刻本

九行二十字 左右雙邊 白口 眉上鐫評

18.7×15.3 釐米

嘉圖

經 0980

孟子四考四卷

清海寧周廣業撰

稿本

天一閣

經 0981

孟子四考四卷

清海寧周廣業撰

稿本

浙圖

經 0982

孟子四考四卷

清海寧周廣業撰

清乾隆六十年(1795)周氏省吾廬刻本

十行二十三字 左右雙邊 白口

19.8×14.5 釐米

浙圖 嵊州圖

經 0983

孟子音義補考證二卷

清海寧蔣學堅撰

清末抄本

十二行二十四字 四周雙邊 白口

18.5×14.7 釐米

浙圖

經 0984

孟子漢注不分卷

朱孔彰撰

稿本

浙圖

大學

經 0985

大學億二卷釋疑一卷

明王道撰

明嘉靖二十三年(1544)錢梗刻本

九行二十字　四周單邊　白口

16.6×13 釐米

天一閣

四書類

經 0986

大學示掌一卷

　清湯自銘撰

　清廣聚堂刻本

　　七行二十字　四周單邊　白口

　　11.5×10.3 釐米

溫圖

中庸

經 0987

中庸輯略二卷

　宋會稽石䃤輯　宋朱熹删定　明石佩玉

　　重訂

　明末刻本

　　十行二十四字　左右雙邊　白口

　　19.7×14.6 釐米

浙圖

經 0988

**中庸章句大全一卷中庸或問一卷讀中庸法
　一卷**

　明胡廣等輯

　明游明刻本

　　十二行二十三字　四周雙邊　黑口

　　20×13.4 釐米

浙圖

四書總義

經 0989

四書集註二十八卷

　宋朱熹撰

　明刻本

　　大學章句一卷

　　中庸章句一卷

　　論語集註十卷序説一卷

　　孟子集註十四卷序説一卷

八行十四字　小字雙行十八字　四周雙邊　黑
口

23.5×16.3 釐米

浙大

經 0990

四書集注二十九卷

　宋朱熹撰

　清内府影宋刻本

　　大學章句一卷

　　中庸章句一卷

　　論語集注十卷序説一卷讀論語孟子法一卷

　　孟子集注十四卷序説一卷

　　八行十五字　左右雙邊　白口

　　25.3×17.2 釐米

浙圖

經 0991

四書集註三十一卷

　宋朱熹撰

　明刻本

　　大學章句一卷或問一卷

　　中庸章句一卷或問一卷

　　論語集註十卷序説一卷讀論語孟子法一卷

　　孟子集註十四卷序説一卷

　　八行十四字　小字雙行十八字　四周雙邊　黑
　　口

　　23.3×16.5 釐米

浙圖

經 0992

四書集註十九卷

　宋朱熹撰

　清初刻本〔大學、中庸配清康熙五十二年
　　(1713)隆盛堂刻晉陽四書本〕　佚名
　　批

　　大學章句一卷

　　中庸章句一卷

　　論語集註十卷

　　孟子集註七卷

　　大學、中庸九行十七字　四周單邊　白口　版心下鐫"隆盛堂"

12.1×14.5 釐米

論語、孟子九行十七字　左右雙邊　白口

11.8×14.2 釐米

浙圖

經 0993

四書集註二十一卷

宋朱熹撰

清明善堂刻本

　　大學章句一卷

　　中庸章句一卷

　　論語集註十卷序説一卷

　　孟子集註七卷序説一卷

　　九行十七字　四周雙邊　白口

20.2×14.6 釐米

天一閣

經 0994

四書集註四十一卷

宋朱熹撰

明刻本

　　大學章句一卷或問一卷

　　中庸章句一卷或問一卷

　　論語集註二十卷序説一卷讀論語孟子法一

　　　卷

　　孟子集註十四卷序説一卷

　　八行十七字　四周雙邊　黑口

26.9×18 釐米

浙圖

經 0995

四書或問三十六卷

宋朱熹撰

明弘治十七年(1504)刻本

存十七卷　大學　論語五至二十

　　十行十八字　四周雙邊　黑口

　　21.2×14.2 釐米

天一閣

經 0996

朱子四書或問三十九卷

宋朱熹撰

清康熙(1662—1722)呂氏寶誥堂刻本

　　大學或問二卷

　　中庸或問三卷

　　論語或問二十卷

　　孟子或問十四卷

　　十二行二十二字　左右雙邊　黑口

18×13.9 釐米

浙圖

經 0997

四書便蒙十九卷

宋朱熹章句

清道光(1821—1850)林春祺福田書海銅

　　活字印本

　　兩欄　上欄每行六字　下欄八行十九字　四周

　　雙邊　白口　版心下鐫"福田書海"

21.3×11.4 釐米

溫圖

經 0998

朱子四書或問小註三十六卷

宋朱熹撰　清徐方廣增注　清陳元燮輯

　　定

清康熙四十一年(1702)刻本

　　朱子大學或問小註一卷

　　朱子中庸或問小註一卷

　　朱子論語或問小註二十卷

　　朱子孟子或問小註十四卷

　　十一行二十四字　左右雙邊　白口

19×13.9 釐米

溫圖

經 0999

朱子四書或問小註三十六卷

宋朱熹撰　清徐方廣增注　清陳元燮輯

　　定

清康熙四十七年(1708)刻本

　　朱子大學或問小註一卷

朱子中庸或問小註一卷
朱子論語或問小註二十卷
朱子孟子或問小註十四卷
十一行二十四字　左右雙邊　白口
19.8×13.9釐米
嘉圖

經1000

宋金仁山先生大學疏義一卷論語集註攷證
十卷孟子集註攷證七卷
宋蘭谿金履祥撰
清雍正七年(1729)金氏婺郡東藕塘賢祠
　義學刻本
十行二十字　左右雙邊　黑口
16.6×12.5釐米
溫圖

經1001

讀四書叢説八卷
元東陽許謙撰
明抄本　佚名校注
　讀大學叢説一卷
　讀中庸叢説二卷
　讀論語叢説三卷
　讀孟子叢説二卷
浙圖

經1002

四書待問二十二卷
元蕭鎰撰
清抄本　海寧張宗祥跋
浙圖

經1003

新刊重訂輯釋通義源流本末一卷
元倪士毅撰　明劉用章輯
明正統五年(1440)詹氏進德書堂刻重訂
　四書輯釋本
十一行二十一字　四周雙邊　黑口
20.4×13.1釐米
浙圖

經1004

四書管窺不分卷
元平陽史伯璿撰
清初抄本
玉海樓

經1005

四書管窺八卷
元平陽史伯璿撰
清孫衣言遜學齋抄本
缺上論
溫圖

經1006

四書集註大全四十三卷
明胡廣等輯
明內府刻本
　大學章句大全一卷或問一卷讀大學法一卷
　中庸章句大全一卷或問一卷讀中庸法一卷
　論語集註大全二十卷序説一卷讀論語孟子
　　法一卷
　孟子集註大全十四卷序説一卷
十行二十二字　四周雙邊　黑口
26.7×18釐米
浙圖

經1007

四書集註大全四十三卷
明胡廣等輯
明刻本
存四十一卷
　大學章句大全一卷或問一卷讀大學法一卷
　中庸或問一卷
　論語集註大全二十卷序説一卷讀論語孟子
　　法一卷
　孟子集註大全十四卷序説一卷
十行二十二字　四周雙邊　黑口
26.3×18釐米
浙圖

經 1008

四書集註大全四十三卷

明胡廣等輯

明天順二年(1458)黃氏仁和堂刻本

存三卷

　　大學章句大全一卷大學或問一卷

　　中庸或問一卷

　　十二行二十二字　四周雙邊　黑口

　　22×13.3 釐米

浙圖

經 1009

四書集註大全四十三卷

明胡廣等輯

明嘉靖八年(1529)余氏雙桂堂刻本

　　大學章句一卷或問一卷讀大學法一卷

　　中庸章句一卷或問一卷讀中庸法一卷

　　論語集註二十卷序説一卷讀論語孟子法一

　　　卷

　　孟子集註十四卷序説一卷

　　十二行二十字　四周雙邊　黑口

侍王府

經 1010

四書大全三十七卷

明胡廣等輯　明李廷機、徐㴂、陳仁錫、

張溥會纂

四書備考三十七卷

明薛應旂、陳仁錫等輯

清初刻本

　　兩欄　上欄備考十二行十三字　下欄九行十八

　　　字　四周單邊　白口

　　21.3×13.7 釐米

溫圖

經 1011

虛齋蔡先生四書蒙引初稿十五卷

明蔡清撰

明正德十五年(1520)李墀刻本

缺二卷　七　十五

　　十二行二十四字　四周雙邊　黑口

　　20.8×13.8 釐米

天一閣

經 1012

重刊蔡虛齋先生四書蒙引十五卷

明蔡清撰

明萬曆十五年(1587)吳同春刻本

　　十一行二十五字　四周單邊　白口

　　20.7×14.7 釐米

浙圖

經 1013

四書圖史合攷二十四卷

題明蔡清輯

明末金閶擁萬堂刻本

　　兩欄　下欄九行二十二字　四周單邊　白口

　　21.7×12.8 釐米

浙圖　浙大

經 1014

新刊全補四書存疑十二卷

明林希元撰

明書林王氏善敬堂刻本

存五卷　一至三　六至七

　　十三行二十三字　四周雙邊　白口

　　17.4×12.8 釐米

浙圖

經 1015

新刊武進荆川唐先生日錄四書拙講十卷

明唐順之撰

明隆慶二年(1568)刻本

存五卷　五　七至十

　　十一行二十六字　四周單邊　白口

　　19.6×11.7 釐米

天一閣

經 1016

四書人物考四十卷

明薛應旂撰

明嘉靖（1522—1566）刻本

十行二十字　四周單邊　白口

19×14.2 釐米

嘉圖＊　天一閣

經 1017

四書人物考四十卷

明薛應旂撰　明朱焯注

清初刻本

十行二十字　四周單邊　白口

20.6×15 釐米

浙圖

經 1018

新刻七十二朝四書人物考註釋四十卷

明薛應旂撰　明焦竑注

明萬曆三十六年（1608）三衢書林舒承溪
刻本

十一行二十二字　四周單邊　白口

24.1×15.3 釐米

浙圖

經 1019

四書人物考訂補四十卷

明薛應旂撰　明朱焯注　明錢塘許胥臣
　訂補

明天啓七年（1627）刻本　佚名批注

十行二十字　四周單邊　白口

20.2×14.4 釐米

浙圖

經 1020

四書人物考訂補四十卷

明薛應旂撰　明朱焯注　明錢塘許胥臣
　訂補

明天啓七年（1627）刻本

存二十卷　一至四　二十五至四十

海寧圖

經 1021

陳明卿先生訂正四書人物備考四十八卷

明薛應旂撰　明朱焯注　明薛寀增補

清康熙（1662—1722）吳郡大來堂刻本

九行十九字　四周單邊　白口

20.4×13.9 釐米

衢博

經 1022

**新鋟評林旁訓薛湯二先生家藏酉陽捜古人
物奇編十八卷首一卷**

明薛應旂輯　明湯賓尹等注評

明萬曆四十四年（1616）鄭名相刻本

九行二十二字　四周單邊　白口　版心下鐫
“南京板”　眉欄鐫評

21.4×13 釐米

浙圖

經 1023

增補四書精繡圖像人物備考十二卷

明薛應旂撰　明陳仁錫增定

清乾隆二十八年（1763）古吳聚秀堂刻本

兩欄　下欄十三行三十字　四周單邊　白口

19.8×13.6 釐米

寧圖

經 1024

增補四書精繡圖像人物備考十二卷圖一卷

明薛應旂撰　明陳仁錫增定

清乾隆三十五年（1770）積秀堂刻本

兩欄　下欄十三行三十字　四周單邊　白口

20×14 釐米

諸暨圖

經 1025

**重刻內府原板張閣老經筵四書直解指南二
十七卷**

明張居正撰

明萬曆（1573—1620）閩建書林易齋詹亮
刻本

兩欄　下欄十四行二十三字　左右雙邊　白口

22×15.3 釐米

浙圖

經 1026

四書集註闡微直解二十七卷

明張居正撰

清康熙十六年（1677）刻本

兩欄　下欄九行十九字　四周單邊　白口

22.4×14.8 釐米

浙圖

經 1027

大學正說一卷中庸正說二卷

明趙南星撰

明末李士劭刻本

九行二十二字　左右雙邊　白口

20.9×13.6 釐米

浙圖

經 1028

四書翼傳三義七卷

明劉思誠、王守誠等撰

明萬曆十六年（1588）于天經等刻本

大學一卷

中庸二卷

論語二卷

孟子二卷

十二行二十二字　四周雙邊　白口

20.4×13.3 釐米

浙圖

經 1029

皇明百家四書理解集不分卷

明焦竑等輯

明萬曆二十三年（1595）刻本

十行二十五字　四周單邊　白口

20.2×12.5 釐米

天一閣

經 1030

人物概十五卷

明陳禹謨撰

明張之厚刻本

缺七卷　九至十五

十行二十一字　左右雙邊　白口

23.3×14.8 釐米

浙大

經 1031

四書名物考二十四卷

明陳禹謨撰　明仁和錢受益、牛斗星補

明末牛斗星刻本

九行二十字　四周單邊　白口

20.3×14.5 釐米

浙圖　天一閣＊

經 1032

鼎鐫徐筆洞增補睡菴湯太史四書脉講意六卷

明湯賓尹撰　明徐奮鵬增補

明萬曆四十七年（1619）書林余應虬刻本

兩欄　上欄十八行十一字　下欄十行二十四字

四周單邊　白口

23.3×12.1 釐米

浙圖

經 1033

新鍥皇明百大家總意四書正新錄六卷

明郭偉撰

明萬曆二十四年（1596）守仁齋楊發吾刻本

十二行三十二字　四周雙邊　黑口或白口

21.7×13.5 釐米

浙圖

經 1034

四書湖南講九卷

明錢塘葛寅亮撰

明崇禎（1628—1644）刻本

大學湖南講一卷

中庸湖南講一卷

論語湖南講四卷

孟子湖南講三卷

　　十行二十五字　四周單邊　白口

　　22.9×15.1 釐米

浙圖

經 1035

四書論三卷

　明西安葉秉敬撰

　明刻本

　　九行二十字　四周單邊　白口

常山圖

經 1036

讀書三十八解五卷

　明西安葉秉敬撰

　明刻本

　　九行二十字　四周單邊　白口

常山圖

經 1037

新鍥四書心鉢九卷

　明四明方應龍撰

　明方氏刻本

　　十行二十五字　四周單邊　白口　版心下鐫

　　“方氏家藏”

　　19.5×12 釐米

杭圖

經 1038

金華四先生四書正學淵源十卷

　明金華章一陽輯

　清康熙三十三年（1694）趙泰姓刻本

缺二卷　二至三

　　九行二十字　左右雙邊　白口

　　20.6×14.8 釐米

浙圖

經 1039

四書説叢十七卷

　明錢塘沈守正撰

　明萬曆四十三年（1615）刻本

　　十行二十字　四周單邊　白口

　　20.1×13.6 釐米

浙圖

經 1040

四書考編修餙二十三卷

　明歸學周輯

　明末刻本

　　十二行二十四字　四周單邊　白口

　　22.4×16.1 釐米

浙圖

經 1041

四書針四卷

　明餘姚黃尊素撰

　明刻本

　　十一行二十二字　四周單邊　白口

　　22×14 釐米

天一閣

經 1042

石鏡山房四書説統□□卷

　明仁和張振淵撰

　明天啓（1621—1627）張氏石鏡山房刻本

存二十卷　二至十三　二十至二十三　二

　十八至二十九　三十四至三十五

　　十行二十四字　四周單邊　白口　版心下鐫

　　“石鏡山房”

　　20.7×12.5 釐米

寧圖

經 1043

古今道脉四十五卷

　明徐奮鵬撰

　明萬曆四十三年至四十六年（1615—

　　1618）金陵書坊鄭大經奎壁堂刻本

存三十三卷

　　大學三卷

　　中庸八卷

　　論語二十卷　存八卷　論語下三至十

　　孟子十四卷

　　十行二十二字　四周雙邊　白口

　　23.4×13 釐米

浙圖

經 1044

四書考二十八卷考異一卷引用書目一卷

　　明陳仁錫撰

　　明崇禎七年(1634)自刻本

　　九行十九字　四周單邊　白口

　　21.1×13.9 釐米

浙圖　海寧圖＊　天一閣＊

經 1045

四書備考二十八卷考異一卷

　　明陳仁錫撰

　　明末刻本

　　九行二十五字　四周單邊　白口

　　21.5×12 釐米

溫圖　天一閣

經 1046

諸太史評三先生家藏四書講意明珠庫十卷

　　明黃文煥、項煜、宋玫輯

　　明天啓(1621—1627)刻本

　　九行二十五字　四周單邊　白口

　　20.4×12.5 釐米

天一閣

經 1047

四書經學考十卷補遺一卷

　　明錢塘徐邦佐撰

　　明崇禎元年(1628)自刻本

　　九行二十字　四周單邊　白口

　　20.3×14.3 釐米

浙圖

經 1048

四書經學考十卷首一卷補遺一卷

　　明錢塘徐邦佐撰

　　清乾隆十八年(1753)刻本

　　九行二十字　四周單邊　白口

　　20.3×14.3 釐米

浙圖

經 1049

四書註疏大全合纂三十七卷

　　明張溥撰

　　明崇禎(1628—1644)刻本

　　　大學註疏大全合纂一卷

　　　中庸註疏大全合纂二卷

　　　論語註疏大全合纂二十卷

　　　孟子註疏大全合纂十四卷

　　八行十八字　左右雙邊　白口

　　20.3×14.7 釐米

餘姚文

經 1050

張天如先生彙訂四書人物名物經文合考十
**　二卷**

　　明張溥撰

　　明崇禎(1628—1644)刻本

　　兩欄　下欄十一行十六字　四周單邊　白口

　　22.5×13.7 釐米

浙圖

經 1051

四書語錄五卷

　　明艾南英撰

　　清嘉慶十八年(1813)黃鐘奏夢筠山房刻本

　　八行二十四字　四周雙邊　白口

　　18.5×12.4 釐米

浙圖

經 1052

四書説約不分卷

　　明顧夢麟輯

四書類

四書類

清抄本

存三種

中庸説約

論語説約

孟子説約

十行二十四字　四周雙邊　白口

17.3×14.4 釐米

浙圖

經 1053

合參四書蒙引存疑定解二十卷

明吳當輯

明崇禎(1628—1644)刻本

九行二十五字　四周單邊　白口

21.3×12.5 釐米

浙圖

經 1054

四書近指二十卷

清孫奇逢撰

清康熙元年(1662)刻本

九行二十字　四周單邊　白口

18×12.6 釐米

浙圖

經 1055

四書遇不分卷

清山陰張岱撰

稿本　紹興馬浮跋

八行二十字　四周單邊　白口

19.1×13.6 釐米

浙圖

經 1056

四書想六卷

清毛念恃撰

清順治十年(1653)刻本

十行二十六字　四周單邊　白口

21.1×13.5 釐米

浙圖

經 1057

日講四書解義二十六卷

清喇沙里、陳廷敬等撰

清康熙(1662—1722)刻本

九行十八字　四周雙邊　白口

20.3×14.3 釐米

寧圖　嵊州圖

經 1058

四書詳説講文二卷四書訓蒙字解一卷

清瑞安朱鴻瞻撰

清康熙二十九年(1690)綠竹軒刻本

九行二十三字　四周單邊　白口

19.2×11.5 釐米

溫圖

經 1059

四書解義七卷

清李光地撰

清康熙五十九年(1720)刻本

大學古本説一卷

中庸章段一卷

中庸餘論一卷

讀論語劄記二卷

讀孟子劄記二卷

十一行二十字　四周單邊　白口

16.5×13.3 釐米

浙圖

經 1060

朱註發明十九卷

清王掞撰

清康熙五十八年(1719)潮濟堂刻本

缺六卷　五至六　九至十二

八行二十字　左右雙邊　黑口

19.2×14.5 釐米

嘉圖

經 1061

四書玩註詳説四十卷

清冉覲祖撰

清康熙（1662—1722）寄願堂刻本

十三行三十二字　四周單邊　白口　版心下鐫
"寄願堂"

19.1×13.8釐米

溫圖

經 1062

四書改錯二十二卷

清蕭山毛奇齡撰

清嘉慶十六年（1811）金孝柏學圃刻本

十行二十字　四周單邊　白口

19.8×14.3釐米

浙圖　溫圖　浙大

經 1063

四書反身錄六卷二孟續補二卷

清李顒撰　清王心敬輯錄

清康熙二十五年（1686）思硯齋刻四十一
年（1702）續刻本

九行二十字　四周雙邊　白口

21.3×14.3釐米

浙圖

經 1064

四書朱子語類摘鈔三十八卷

清桐鄉張履祥、石門呂留良輯

清康熙四十年（1701）呂氏南陽講習堂刻
本

十二行二十五字　左右雙邊　黑口

20.2×15.1釐米

浙圖　天一閣

經 1065

呂晚邨先生四書講義四十三卷

清石門呂留良撰

清康熙（1662—1722）天蓋樓刻本

十一行二十一字　左右雙邊　黑口

17.5×13.7釐米

浙圖　溫圖　天一閣　浙大

經 1066

天蓋樓四書語錄四十六卷

清石門呂留良撰

清康熙二十三年（1684）天蓋樓刻本

存二十五卷　五至八　二十一至四十一

九行二十三字　左右雙邊　白口

19.3×13.3釐米

嘉圖

經 1067

天蓋樓四書語錄四十六卷

清石門呂留良撰

清康熙（1662—1722）刻本

九行二十三字　左右雙邊　白口

19.6×13.2釐米

浙圖

經 1068

天蓋樓四書語錄四十六卷

清石門呂留良撰

清康熙（1662—1722）刻本

九行二十三字　左右雙邊　白口

19.1×13釐米

溫圖　天一閣

經 1069

松陽講義十二卷

清平湖陸隴其撰

清康熙二十九年（1690）刻本

十一行二十字　左右雙邊　黑口

18×13.6釐米

浙圖

經 1070

三魚堂四書大全四十六卷

清平湖陸隴其輯

清康熙三十七年（1698）刻本

大學大全章句一卷大學或問一卷讀大學法
一卷

中庸大全章句二卷中庸或問一卷讀中庸法

一卷

論語集註大全二十卷序説一卷讀論語孟子
法一卷論語考異一卷

孟子集註大全十四卷序説一卷孟子考異一
卷

八行二十三字　左右雙邊　黑口

20.1×15 釐米

浙圖　溫圖＊　玉海樓

經 1071

四書大全四十六卷

清平湖陸隴其輯

清康熙四十一年（1702）陸氏三魚堂刻本
存三十六卷

中庸大全章句二卷或問一卷讀中庸法一卷

論語集註大全二十卷　存十八卷　三至二
十

孟子集註大全十四卷〔卷七至十補配〕

八行二十三字　左右雙邊　白口　版心下鐫
“三魚堂”

19.8×14.9 釐米

嘉圖

經 1072

**四書講義困勉錄三十七卷續困勉錄六卷附
錄一卷**

清平湖陸隴其撰

清乾隆四年（1739）嘉會堂刻本

十二行二十二字　左右雙邊　黑口

17×13.9 釐米

浙圖　溫圖＊

經 1073

**四書釋地一卷續一卷又續一卷三續一卷孟
子生卒年月考一卷**

清閻若璩撰

清乾隆（1736—1795）刻本

十一行二十字　左右雙邊　白口

19.2×15 釐米

浙圖　溫圖

經 1074

四書述朱大全四十卷

清周亦魯輯

清康熙六十一年（1722）雲中居刻本

大學述朱大全三卷

中庸述朱大全三卷

論語述朱大全二十卷

孟子述朱大全十四卷

十一行二十六字　左右雙邊　白口

19.8×14.8 釐米

溫圖

經 1075

四書朱子異同條辨四十卷

清李沛霖、李禎撰

清康熙（1662—1722）近譬堂刻本

九行二十一字　左右雙邊　白口　版心下鐫
“近譬堂藏板”

20.2×14.5 釐米

浙圖　杭圖　衢博

經 1076

**增訂四書集註大全四十卷或問二卷附錄一
卷**

清汪份輯

清康熙（1662—1722）汪份遄喜齋刻本

兩欄　下欄九行二十一字　左右雙邊　白口
版心下鐫“遄喜齋讀本”

22.8×15 釐米

浙圖＊　溫圖

經 1077

四書講義日孜錄十二卷

清山陰李求齡撰

清乾隆四十九年（1784）刻豫順堂印本

十二行二十二字　四周單邊　白口

16.9×13.4 釐米

浙圖

經 1078

朱子四書語類五十二卷

清周在延輯

清康熙十七年(1678)刻本

十二行二十五字　左右雙邊　白口

20.8×13.8釐米

浙圖　衢博

經 1079

四書講四十卷

清樵李金松撰

清康熙(1662—1722)刻乾隆五年(1740)

　朱邦椿重修本

十二行二十五字　左右雙邊　黑口

19×14釐米

浙圖　溫圖　衢博

經 1080

正學儀型四書語錄二卷

清張嘉楨等輯

清康熙三十三年(1694)張氏刻本

九行二十字　左右雙邊　白口

18×12.8釐米

平湖圖　衢博

經 1081

此木軒四書説九卷

清焦袁熹撰

清乾隆(1736—1795)刻本

十行二十字　左右雙邊　白口

17.4×12.9釐米

上虞圖＊　浙大

經 1082

駁呂留良四書講義八卷

清朱軾等撰

清雍正(1723—1735)刻本

九行二十一字　四周雙邊　白口

17.7×13.6釐米

浙圖

經 1083

集虛齋四書口義十卷

清淳安方楘如撰

清乾隆五十三年(1788)刻大文堂重修本

十四行二十五字　左右雙邊　白口

18.5×13.8釐米

浙圖

經 1084

集虛齋四書口義十卷

清淳安方楘如撰

清乾隆五十八年(1793)刻本

十二行二十五字　左右雙邊　白口

18×11.8釐米

溫圖　寧圖

經 1085

五華纂訂四書大全四十六卷

清烏程孫見龍撰

清乾隆十三年(1748)五華書院刻本

存四十卷

　五華纂訂大學大全四卷

　五華纂訂中庸大全八卷

　五華纂訂論語大全二十卷　存十六卷　一

　　至四　六至八　十五至十七　十九

　五華纂訂孟子大全十四卷　存十二卷　一

　　至五　七至十二　十四

九行二十五字　四周雙邊　白口　版心下鐫

　"書院藏本"

20.7×14.9釐米

黃巖圖

經 1086

四書朱子本義匯參四十三卷首四卷

清王步青輯

清乾隆十年(1745)敦復堂刻本

　大學章句本義匯參三卷首一卷

　中庸章句本義匯參六卷首一卷

　論語集註本義匯參二十卷首一卷

　孟子集註本義匯參十四卷首一卷

九行二十三字　四周單邊　白口　版心下鐫

"敦復堂課本"

20.9×14.5釐米

浙圖　玉海樓

經 1087

四書朱子本義匯參四十三卷首四卷

清王步青輯

清乾隆(1736—1795)刻本

大學章句本義匯參三卷首一卷

中庸章句本義匯參六卷首一卷

論語集註本義匯參二十卷首一卷

孟子集註本義匯參十四卷首一卷

十行二十五字　四周單邊　白口　版心下鐫

"敦復堂課本"

20.4×13.7釐米

浙圖　溫圖

經 1088

四書考輯要二十卷

清陳弘謀輯

清乾隆三十六年(1771)培遠堂刻本

十行二十字　四周雙邊　白口　版心下鐫"培

遠堂"

19.2×14.9釐米

溫圖　平湖圖　玉海樓

經 1089

四書左國輯要四卷

清周龍官輯

清乾隆(1736—1795)刻本

九行二十四字　左右雙邊　白口

17.7×11.7釐米

浙圖

經 1090

四書約旨十九卷孟子考略一卷

清任啓運撰

清乾隆三十六年(1771)任氏清芬堂刻本

十行二十四字　四周雙邊　白口

18.1×13.7釐米

浙圖　嵊州圖

經 1091

四書講義自得錄十卷

清何如瀠輯

清乾隆二十五年(1760)自刻本

十一行二十二字　左右雙邊　白口

17.4×13.1釐米

浙圖

經 1092

四書講義尊聞錄二十卷

清戴鈜撰

清雍正六年至七年(1728—1729)懷新堂

刻本

九行二十四字　左右雙邊　白口　版心下鐫

"懷新堂"

19.6×15.1釐米

溫圖

經 1093

四書典林三十卷

清江永撰

清雍正十三年(1735)鋤經齋刻本

八行二十二字　左右雙邊　白口

20.1×13.6釐米

溫圖

經 1094

四書典林三十卷

清江永撰

清乾隆五十四年(1789)刻本

八行二十二字　左右雙邊　白口

19.7×13.6釐米

社科院

經 1095

四書闡註十九卷

清浦泰撰

清雍正六年(1728)尚論堂刻本　佚名批

兩欄　上欄二十四行三十二字　下欄九行十七

字　四周單邊　白口

23.8×15.1釐米

海寧圖

經 1096

御製繙譯四書六卷

清乾隆(1736—1795)刻本

滿漢文合璧

四周雙邊　白口

17.8×13.9釐米

浙圖

經 1097

四書正韻十九卷

清何始昇輯

清乾隆九年(1744)亦樂堂刻本

九行二十字　四周雙邊　白口

21.5×14.6釐米

浙圖

經 1098

學庸説文十二卷

清李凱撰

清乾隆十八年(1753)寒香亭刻本

十一行二十五字　左右雙邊　白口　版心下鐫

"寒香亭"

20×14.2釐米

浙圖

經 1099

四書類典賦二十四卷

清甘紱撰

清乾隆四十一年(1776)廣益堂刻本

兩欄　下欄九行二十一字　左右雙邊　白口

21.8×13.7釐米

浙圖

經 1100

增補四書類典賦二十四卷

清甘紱撰

清乾隆五十五年(1790)修文堂刻本

兩欄　下欄九行二十一字　四周單邊　白口

版心下鐫"龍江書屋"

14.9×10釐米

溫圖

經 1101

四書題鏡不分卷

清汪鯉翔撰

清乾隆九年(1744)刻本

十六行三十字　四周單邊　白口

22×14.8釐米

海寧圖　寧圖

經 1102

四書題鏡不分卷

清汪鯉翔撰

清乾隆三十五(1770)三餘堂刻本

十六行三十字　四周單邊　白口

21.8×14.9釐米

溫圖

經 1103

四書題鏡不分卷

清汪鯉翔撰

清乾隆五十八年(1793)文苑堂刻本

十六行三十字　四周單邊　白口

21.1×15.1釐米

上虞圖

經 1104

四書翼註論文三十八卷

清張甄陶撰

清乾隆五十二年(1787)浙湖竹下書堂刻

本

十一行二十二字　左右雙邊　白口

17.7×13.6釐米

溫圖　平湖圖　黃巖圖

經 1105

四書統宗會元□□卷

清慈水沈杙撰

四書類

清樂志軒抄本

存十九卷

> 大學二卷
> 中庸四卷
> 論語十卷
> 孟子三卷　一　五至六

浙圖

經 1106

四書考異總考三十六卷條考三十六卷

清仁和翟灝撰

清乾隆（1736—1795）翟灝無不宜齋刻本

十一行二十一字　左右雙邊　白口

17.4×13.5 釐米

浙圖　餘杭圖　溫圖　義烏圖

經 1107

四書疏註撮言大全三十七卷

清胡蓉芝輯

清乾隆二十八年（1763）刻本

九行三十六字　四周單邊　白口

18.2×13 釐米

浙圖

經 1108

四書左國彙纂四卷

清高其名、鄭師成輯

清乾隆（1736—1795）刻本

九行二十字　左右雙邊　白口

16.8×12.3 釐米

浙圖

經 1109

四書左國彙纂四卷

清高其名、鄭師成輯

清乾隆五十八年（1793）汲古堂刻本

九行二十字　左右雙邊　白口

16.7×12.4 釐米

黃巖圖

經 1110

四書解二十卷

清蘇珥撰

清嘉慶十九年（1814）種德堂刻本

九行二十五字　四周雙邊　白口

17.3×12.5 釐米

浙圖

經 1111

福禮堂四書文課本十一卷

清嘉善周震榮輯

清乾隆四十八年（1783）福禮堂刻本

十二行二十五字　左右雙邊　白口　版心下鐫
“福禮堂”

19.5×14.9 釐米

浙圖

經 1112

四書典制類聯三十三卷

清閻其淵輯

清乾隆（1736—1795）刻本

缺一卷　二十二

九行二十五字　四周雙邊　白口

18.2×12.3 釐米

嵊州圖

經 1113

四書典制類聯音註三十三卷

清閻其淵輯

清嘉慶二年（1797）蕭山縣署刻本　佚名
批注

九行二十五字　四周單邊　白口　版心下鐫
“龍江書屋”

15.1×10.6 釐米

溫圖

經 1114

四書疏記四卷

清海寧陳鱣撰

手稿本

十二行字數不一　四周雙邊　黑口　版心下鐫
"文錦堂"

20.2×17 釐米

浙圖

經 1115

四書摭餘説七卷

清蕭山曹之升撰

清嘉慶三年(1798)刻本

十行二十四字　四周雙邊　白口

18.1×13.5 釐米

浙圖　溫圖

經 1116

四書補考二卷

清鳳韶撰

清嘉慶十三年(1808)一得齋刻本

十行二十二字　四周單邊　白口

18.8×13.5 釐米

浙圖

經 1117

四書經註集證十九卷

清吳昌宗撰

清嘉慶三年(1798)汪廷機刻本　佚名批
注

十一行二十五字　左右雙邊　白口

18.8×14.8 釐米

浙圖

經 1118

四書經典通考不分卷

清山陰陸文籀撰

清嘉慶十二年(1807)鑄吾軒活字印本

十行十七字　四周單邊　白口

17.5×14.3 釐米

溫圖

經 1119

四書解疑二十卷

清餘姚黄梅峰撰

清嘉慶(1796—1820)奎照樓刻本

十行二十四字　四周雙邊　白口

18.5×13.5 釐米

浙圖

經 1120

四書塙解四卷

清朱駿聲撰

手稿本

浙圖

經 1121

四書懸解不分卷

清朱駿聲撰

抄本

浙圖

經 1122

四書拾義五卷

清胡紹勳撰

清道光十四年(1834)吟經樓刻本

十行二十一字　左右雙邊　白口

17.5×13 釐米

浙圖

經 1123

四書地理攷十五卷

清王塗撰

清道光十五年(1835)王氏鏨舟園刻本

十一行二十二字　左右雙邊　黑口

18.5×14.8 釐米

浙圖

經 1124

四書居閒箋不分卷

清謝鵬年撰

清道光二十一年(1841)何兆華等抄本

四書類

浙圖

經 1125

四書所見錄不分卷

　清仁和王錫命撰

　稿本

　十行二十五字　四周單邊　黑口

　10.3×8.8釐米

浙圖

經 1126

四書註人物攷不分卷

　清黃巖王棻輯

　稿本

黃巖圖

經 1127

四書述言不分卷

　清歸安李福臧撰

　稿本

浙圖

經 1128

四書問盲一卷

　清抄本　佚名批

　十行二十五字　四周單邊　白口

　16.8×11.8釐米

嘉圖

群經總義類

經 1129

駁五經異義一卷補遺一卷

　漢鄭玄撰

　清抄本

浙大

經 1130

鄭志三卷

　魏鄭小同撰

清抄本

　20×13.4釐米

浙圖

經 1131

經典釋文三十卷

　唐陸德明撰

攷證三十卷

　清仁和盧文弨撰

　清乾隆五十六年(1791)盧氏抱經堂刻抱

　　經堂叢書本　平湖屈彊批校並跋

　十行二十二字　四周單邊　黑口

　19.1×14.7釐米

浙大

經 1132

六經正誤六卷

　宋江山毛居正撰

　清抄本

缺二卷　四至五

天一閣

經 1133

宋學士夾漈先生六經奧論六卷總文一卷

　題宋鄭樵撰

　清抄本

浙圖

經 1134

新刊宋學士夾漈先生六經奧論六卷

　題宋鄭樵撰

　清抄本

天一閣

經 1135

六經圖六卷

　宋楊甲撰　宋江山毛邦翰補

　明萬曆四十三年(1615)吳繼仕熙春樓刻

　　本

　四周單邊　白口

35.3×24 釐米

浙大

經 1136

六經圖六卷

宋楊甲撰　清王皓校

清乾隆五年(1740)向山堂刻本

九行二十字　四周單邊　白口

19.8×13.8 釐米

浙圖

經 1137

五經圖六卷

明萬曆四十二年(1614)章達刻本

序十五行二十七字　四周單邊　白口

42.8×32.2 釐米

浙圖

經 1138

相臺書塾刊正九經三傳沿革例一卷

宋岳珂撰

清嘉慶十九年(1814)汪紹成影宋刻本

八行十八字　小字雙行二十字　左右雙邊　白
口

20.2×13.8 釐米

浙圖

經 1139

黃四如先生六經四書講藁六卷

宋黃仲元撰

附錄一卷

清黃雯編

明嘉靖二十七年(1548)黃文炳刻清康熙
二十二年(1683)黃雯重修本

十行二十字　四周雙邊　白口

21.3×14.2 釐米

浙圖

經 1140

五經蠡測六卷

明蔣悌生撰

明嘉靖十七年(1538)蔣世滋刻本

十行二十字　四周單邊　白口

17.5×12.2 釐米

浙圖

經 1141

泉齋簡端錄十二卷

明邵寶撰

明秦榛刻本

十行二十字　左右雙邊　白口

18.5×14.2 釐米

浙圖

經 1142

泉齋簡端錄十二卷

明邵寶撰

明崇禎九年(1636)曹履垣、王崇嚴刻清
康熙十二年(1673)王以思重修邵文莊
公經史全書本

十行二十字　四周單邊　白口

20.9×14.6 釐米

浙大

經 1143

説經劄記十卷

明德清蔡汝楠撰

明天啓三年(1623)蔡武刻本

九行二十字　左右雙邊　白口

20.1×13.6 釐米

浙圖

經 1144

九經考異十二卷逸語一卷

明鄞縣周應賓撰

明萬曆(1573—1620)刻本

存十卷　周易一卷　尚書一卷　詩經二卷
禮記二卷　春秋一卷　論語一卷　孟子
一卷　逸語

九行十九字　四周單邊　白口

22.4×14.3 釐米

溫圖

經 1145

七經圖七卷

　明吳繼仕輯

　明萬曆(1573—1620)刻本

　序八行十七字　四周單邊　白口

　36.2×24.7釐米

浙圖

經 1146

新鐫六經纂要不分卷

　明顏茂猷撰

　明末刻本

　九行二十二字　四周單邊　白口

　21.4×13.8釐米

浙圖

經 1147

五經讀五卷

　明陳際泰撰　清仁和黃暹參訂

　清乾隆五十二年(1787)刻本

　九行二十字　左右雙邊　白口

　13.2×10釐米

嵊州圖　衢博

經 1148

五經翼二十卷

　清孫承澤撰

　清康熙二年(1663)自刻本

　八行十八字　左右雙邊　白口

　18.3×14.2釐米

杭圖

經 1149

松源經説四卷

　清仁和孫之騄撰

　清乾隆三十一年(1766)春草園刻本

　十行二十字　左右雙邊　黑口

　18.5×14.3釐米

浙圖　浙大

經 1150

松源經説四卷

　清仁和孫之騄撰

　清乾隆三十一年(1766)春草園刻本　孫

　　毓修跋

浙圖

經 1151

十三經歷代名文鈔五十四卷

　清吳珩輯

　清楊文蓀述鄭齋抄本　錄清海寧吳騫等

　　批校

　十一行二十字　四周單邊　黑口

　18.3×13.4釐米

浙圖

經 1152

經學志餘

　清初抄本　佚名校

　　易學識餘不分卷

　　春秋十七卷

　　論語九卷

　　孟子六卷

　　大學三卷

　　中庸三卷

浙圖

經 1153

觀象授時十四卷

　清秦蕙田撰

　清抄本　蛰莾批校

溫圖

經 1154

注疏瑣語四卷

　清沈淑撰

　清雍正(1723—1735)刻經玩本

　九行十六字　左右雙邊　白口

16×11.9釐米

紹圖

經 1155

群經補義五卷

清江永撰

清乾隆(1736—1795)書業堂刻讀書隨筆
本

十行二十二字　左右雙邊　白口

19.3×13.8釐米

浙圖

經 1156

六經圖十二卷

清鄭之僑輯

清乾隆八年(1743)述堂刻本

九行二十四字　四周雙邊　白口　版心下鎸
"述堂"

20.9×14.6釐米

浙圖　衢博*

經 1157

六經圖二十四卷

清鄭之僑輯

清乾隆九年(1744)述堂刻本

九行二十二字　四周雙邊　白口　版心下鎸
"述堂"

21×14.5釐米

浙圖　杭圖　嘉圖　浙大

經 1158

五經便覽四十卷

清乾隆(1736—1795)抄本　長興王修跋

浙圖

經 1159

易堂問目四卷

清吳鼎撰

清乾隆三十七年(1772)鄒容成刻本

十行二十一字　左右雙邊　綫黑口

17.5×13.2釐米

浙圖　溫圖　衢博

經 1160

易堂問目四卷

清吳鼎撰

清乾隆三十七年(1772)鄒容成刻本　佚
名批點

溫圖

經 1161

稽古日鈔八卷

清郁文、張方湛等輯

清乾隆二十九年(1764)秋曉山房刻本

十行二十四字　左右雙邊　白口　版心下鎸
"秋曉山房"

17.6×12.7釐米

浙圖　浙大

經 1162

古經解鉤沉三十卷

清余蕭客輯

清乾隆(1736—1795)刻本

十一行二十字　四周雙邊　黑口

18.1×13.2釐米

浙圖*　溫圖　黃巖圖

經 1163

説經十四卷

清蕭山韓泰青撰　清洪照等輯

清乾隆三十四年(1769)漪園刻本

九行二十字　左右雙邊　白口

18.8×14釐米

浙大

經 1164

説經二十卷説騷一卷説文一卷

清蕭山韓泰青撰　清洪照等輯

清乾隆(1736—1795)漪園刻本

浙圖

經 1165

説經二十六卷説莊三卷説騷一卷説文一卷

清蕭山韓泰青撰

清乾隆四十四年(1779)省能齋刻本

十行二十字　左右雙邊　綫黑口

19.2×13.9釐米

浙圖　溫圖

經 1166

傳經表二卷通經表二卷

清畢沅撰

清乾隆四十八年(1783)畢氏靈巖山館刻本

十一行二十一字　左右雙邊　黑口

18.6×14.1釐米

浙圖

經 1167

經讀考異八卷補一卷句讀敍述二卷補一卷附翟晴江四書攷異内句讀一卷

清武億撰

清乾隆五十四年(1789)小石山房刻授堂遺書本

十行二十一字　左右雙邊　白口

18.6×14.2釐米

浙圖

經 1168

九經通借字攷十四卷

清錢坫撰

清抄本　佚名校

浙圖

經 1169

饒雙峰講義十六卷

清王朝榘輯

清乾隆(1736—1795)刻本

九行二十字　左右雙邊　白口

20×13釐米

浙圖

經 1170

十三經拾遺十六卷

清王朝榘撰

清嘉慶五年(1800)尋孔顏樂處刻本

八行二十字　四周雙邊　白口

19.4×12.4釐米

浙圖

經 1171

十三經異同條辨十卷

清會稽魯學孟撰

清抄本

天一閣

經 1172

讀經偶鈔四卷

清鄞縣蔣學鏞撰

清鄞隨齋抄本

天一閣

經 1173

傳經系表一卷

清周勳懋撰

張宗祥抄本

十行二十四字　四周單邊　白口　版心下鐫"鐵如意館"

17.7×13.7釐米

浙圖

經 1174

經傳繹義五十卷

清慈谿陳煒撰

清嘉慶九年(1804)校字齋刻本

八行二十一字　左右雙邊　白口　版心下鐫"校字齋"

18.1×13.1釐米

浙圖

經 1175

讀相臺五經隨筆四卷續筆一卷宋石經記略一卷

清海寧周廣業撰

清種松書塾抄本

十行二十字　左右雙邊　黑口　版心下鐫"種松書塾鈔本"

17.5×13.9 釐米

浙圖

經 1176

讀相臺五經隨筆四卷

清海寧周廣業撰

劉氏嘉業堂抄本

十一行二十一字　左右雙邊　藍口

18.6×13.4 釐米

浙圖

經 1177

讀書淺解四卷讀易淺解一卷孝經刊誤淺解一卷

清樂清史尊朱撰

清抄本

溫圖

經 1178

珍藝先生遺書五卷

清莊述祖輯　清吳興丁杰校

清抄本

浙圖

經 1179

經傳攷證八卷

清朱彬撰

稿本　清王念孫批校

浙圖

經 1180

鳳氏經説三卷

清鳳韶撰

清嘉慶二十五年(1820)刻本

十行二十二字　四周雙邊　白口

18.9×13.7 釐米

浙圖

經 1181

群經得寸錄一卷

清鹽官朱兆熊撰

清朱純熙抄本　鹽官朱士恒跋

浙圖

經 1182

經義聚辨不分卷

清閔鏜撰

清抄本

浙圖

經 1183

群經宮室圖二卷

清焦循撰

清半九書塾刻本　清瑞安孫詒讓批

十行二十一字　左右雙邊　版心下鐫"半九書塾"

20.9×14.8 釐米

溫圖

經 1184

張卨甫經説一卷

清張履撰　清瑞安孫詒讓輯

清光緒十二年(1886)抄本　清瑞安孫詒讓批

十二行二十二字　左右雙邊　藍口

17.1×11.8 釐米

浙大

經 1185

鶴巢經戔二十卷鱣序璞聞四卷續四卷

清宋清壽撰

清道光二十四年(1844)刻本

八行二十字　左右雙邊　白口

16.2×11.9釐米

浙圖

經 1186

影鈔宋刊本九經直音校補一卷

清烏程周學濬撰

清抄本

六行二十字　四周單邊　紅口

17.1×9.9釐米

嘉圖

經 1187

經迻不分卷

清瑞安孫詒讓撰

稿本

十行字數不一　左右雙邊　綫藍口

14.8×10.5釐米

浙大

經 1188

旭亭氏手摹各經圖譜不分卷

清韓是升輯繪

稿本　清仁和勞格跋　姜亮夫跋

浙圖

經 1189

蛾軒經説一卷

清錢塘儲乃塯撰

稿本　清德清俞樾題簽　清楊葆光跋

六行二十字　四周花邊　白口

21×12釐米

杭圖

經 1190

十三經地名韻編今釋五卷

清龍繼棟撰

張宗祥抄本　海寧張宗祥跋

十行二十四字　四周單邊　白口　版心下鎸

　　"鐵如意館"

17.7×13.7釐米

浙圖

經 1191

唐石經考正不分卷

清王朝梁撰

清嘉慶五年(1800)尋孔顔樂處刻本　葉

　　德輝跋

八行二十字　四周雙邊　白口

19.5×12.6釐米

浙大

經 1192

石經補攷三卷

清嘉興馮登府撰

清嘉慶(1796—1820)刻本　蕭山單丕校

十一行二十三字　左右雙邊　黑口

19.5×12.6釐米

浙圖

經 1193

宋太學石經考一卷

清錢塘羅以智撰

稿本

浙大

經 1194

儀禮石經校勘記四卷

清阮元撰

清乾隆六十年(1795)七錄書閣刻本

十行二十字　四周雙邊　白口　版心下鎸"七

　　錄書閣"

18.7×14.2釐米

浙圖

經 1195

古微書三十六卷

明孫瑴輯

清嘉慶二十一年(1816)對山問月樓刻本

尚書緯

　　尚書考靈曜二卷

尚書帝命驗一卷

尚書中候一卷

尚書五行傳

尚書璇璣鈐

尚書刑德放

尚書運期授

尚書帝驗期

中候握河紀

中候考河命

中候摘洛戒

中候雜篇

　中候運行

　中候洛予命

　中候摘洛戒

　中候義明

　中候敕省圖

　中候稷起

　中候準讖哲

　附

　　　洪範緯　以上合一卷

春秋緯

　春秋元命苞二卷

　春秋演孔圖

　春秋合誠圖　以上合一卷

　春秋文曜鉤

　春秋運斗樞　以上合一卷

　春秋感精符

　春秋考異郵　以上合一卷

　春秋潛潭巴

　春秋說題辭　以上合一卷

　春秋漢含孳

　春秋佐助期

　春秋保乾圖

　春秋握誠圖

　春秋內事　以上合一卷

　春秋命歷序一卷

易緯

　易通卦驗

　易坤靈圖

　易稽覽圖

　易通統圖

　易統驗玄圖　以上合二卷

　易河圖數

易筮類謀

易九厄讖

易雜緯

　易辨終備

　易萌氣樞

　易中孚傳

　易運期　以上合一卷

禮緯

　禮含文嘉一卷

　禮稽命徵一卷

　禮斗威儀一卷

樂緯

　樂叶圖徵一卷

　樂動聲儀一卷

　樂稽耀嘉一卷

詩緯

　詩含神霧一卷

　詩推度災

　詩汎歷樞　以上合一卷

論語緯

　論語比考讖

　論語譔考讖　以上合一卷

　論語摘輔象

　論語摘衰聖

　論語陰嬉讖　以上合一卷

孝經緯

　孝經援神契三卷

　孝經鉤命訣

　孝經中契

　孝經左契

　孝經右契

　孝經威嬉拒　以上合一卷

　孝經內事圖一卷

河圖緯

　河圖括地象

　河圖始開圖

　河圖絳象　以上合一卷

　河圖稽耀鉤

　河圖帝覽禧

　河圖挺佐輔

　河圖握矩記

　河圖雜緯篇

　　河圖祕徵

河圖帝通紀

河圖著命

河圖真紀鉤

河圖要元篇

河圖考靈曜

河圖提劉篇

河圖稽命徵

河圖會昌符　以上合一卷

河圖玉版

龍魚河圖　以上合一卷

雒書緯

雒書靈准聽一卷

洛書甄曜度

洛書摘六辟

洛書錄運法

洛書河洛讖

孔子河洛讖

錄運期讖

甄曜度讖　以上合一卷

十一行二十四字　左右雙邊　綫黑口　版心下
鐫"對山問月樓"

20.8×15.4 釐米

浙圖　溫圖

經 1196

集緯十二卷

清殷元正輯　清陸明睿增訂

清抄本　朱師轍跋

浙圖

經 1197

七緯三十八卷

清趙在翰輯

清嘉慶十四年(1809)趙氏小積石山房
刻本　清瑞安孫詒讓校

易緯

易乾坤鑿度一卷

易乾鑿度一卷　漢鄭玄注

易稽覽圖一卷　漢鄭玄注

易辨終備一卷　漢鄭玄注

易乾元序制記一卷　漢鄭玄注

易通卦驗一卷　漢鄭玄注

易是類謀一卷　漢鄭玄注

易坤靈圖一卷　漢鄭玄注

尚書緯

尚書琔機鈐一卷附補遺

尚書攷靈曜一卷附補遺

尚書刑德放一卷附補遺

尚書帝命驗一卷

尚書運期授附補遺

尚書緯附錄附補遺　以上合一卷

詩緯

詩推度災一卷附補遺

詩汎歷樞一卷附補遺

詩含神霧附補遺

詩緯附錄附補遺　以上合一卷

禮緯

禮含文嘉一卷附補遺

禮稽命徵一卷附補遺

禮斗威儀附補遺

禮緯附錄附補遺　以上合一卷

樂緯

樂動聲儀一卷附補遺

樂稽耀嘉一卷附補遺

樂叶圖徵附補遺

樂緯附錄附補遺　以上合一卷

春秋緯

春秋演孔圖一卷附補遺

春秋元命苞一卷附補遺

春秋文耀鉤一卷附補遺

春秋運斗樞一卷附補遺

春秋感精符一卷附補遺

春秋合誠圖一卷附補遺

春秋攷異郵一卷附補遺

春秋保乾圖一卷附補遺

春秋漢含孳一卷附補遺

春秋佐助期一卷附補遺

春秋握誠圖一卷

春秋潛潭巴一卷附補遺

春秋説題辭附補遺

春秋緯附錄附補遺　以上合一卷

孝經緯

孝經援神契一卷附補遺

孝經鉤命決附補遺

孝經緯附錄附補遺　以上合一卷

敘錄敘目一卷

十行二十三字　四周雙邊　白口　版心下鐫
"小積石山房"

19.8×14 釐米

浙大

經 1198

禮緯含文嘉三卷

明王氏鬱岡齋抄本

天鏡經一卷
地鏡經一卷
人鏡經一卷

十一行二十二字　四周單邊　白口

20.9×14.5 釐米

浙圖

小學類

彙編

經 1199

五雅七十三卷

明畢效欽編

明萬曆十六年(1588)瑞桃堂刻本

存五十三卷

新刊爾雅三卷　晉郭璞注
廣雅十卷　魏張揖撰　隋曹憲音釋
新刊爾雅翼三十二卷　宋羅願撰
新刻釋名八卷　漢劉熙撰

十一行二十二字　左右雙邊　白口

19.6×14.5 釐米

浙大

經 1200

五雅四十一卷

明武林郎奎金編

明天啓六年(1626)郎氏堂策檻刻本

爾雅二卷　晉郭璞注
小爾雅一卷　題漢孔鮒撰　宋宋咸注
逸雅八卷　漢劉熙撰
廣雅十卷　魏張揖撰　隋曹憲音釋

埤雅二十卷　宋山陰陸佃撰

九行二十字　四周單邊　白口　版心下鐫"堂
策檻"

21.2×13.8 釐米

浙圖　溫圖　侍王府

經 1201

曹楝亭五種六十五卷

清曹寅編

清康熙四十五年(1706)揚州使院刻本

大廣益會玉篇三十卷　梁顧野王撰　唐富
陽孫強增字　宋陳彭年等重修
大宋重修廣韻五卷　宋陳彭年等撰
集韻十卷　宋丁度等撰
類篇十五卷　宋司馬光等撰
附釋文互註禮部韻略五卷

八行　小字雙行二十字　左右雙邊　綫黑口

16.5×11.5 釐米

浙圖　溫圖　嘉圖＊

經 1202

澤存堂五種五十卷

清張士俊編

清康熙四十三年至五十三年(1704—
1714)張士俊澤存堂刻本

玉篇三十卷　梁顧野王撰　唐富陽孫強增
字　宋陳彭年等重修　康熙四十三年
(1704)刻
廣韻五卷　宋陳彭年等撰　康熙四十三年
(1704)刻
佩觿三卷　宋郭忠恕撰　康熙四十九年
(1710)刻
群經音辨七卷　宋賈昌朝撰　康熙五十三
年(1714)刻
字鑑五卷　元李文仲撰　康熙四十八年
(1709)刻

浙圖＊　杭圖＊　溫圖＊　海寧圖＊　平湖圖＊
天一閣＊　玉海樓＊　湖博＊　浙大＊

經 1203

字學三書十五卷

清□□編

清道光二十年至二十一年(1840—1841)
楊霈十芝堂刻本

佩觿三卷　宋郭忠恕撰

群經音辨七卷　宋賈昌朝撰

字鑑五卷　元李文仲撰

行款不一

浙圖

訓詁

經1204

爾雅三卷

晉郭璞注

清嘉慶十一年(1806)顧廣圻思適齋刻本

八行十七字　四周雙邊　白口

19.6×14.4釐米

紹圖　天一閣

經1205

爾雅三卷

晉郭璞注

清嘉慶十一年(1806)顧廣圻思適齋刻本
清徐渭仁批校並跋

浙圖

經1206

爾雅三卷

晉郭璞注　唐陸德明音義

清嘉慶二十二年(1817)張青選清芬閣刻
本

十二行二十五字　左右雙邊　白口

19.7×14.3釐米

浙圖

經1207

爾雅音圖三卷

晉郭璞注　清姚之麟摹圖

清嘉慶六年(1801)曾燠藝學軒刻本

十二行二十字　四周雙邊　黑口

28.3×22.9釐米

浙圖　天一閣　浙大

經1208

爾雅注疏十一卷

晉郭璞注　唐陸德明音義　宋邢昺疏

清乾隆六十年(1795)敦化堂刻本

十行二十一字　左右雙邊　白口

22.7×15.2釐米

浙圖

經1209

爾雅註疏十一卷

晉郭璞注　宋邢昺疏

明崇禎元年(1628)毛氏汲古閣刻十三經
註疏本　佚名校

九行二十一字　左右雙邊　白口　版心下鐫
"汲古閣"

18.2×12.5釐米

浙圖

經1210

爾雅註疏十一卷

晉郭璞注　宋邢昺疏

清乾隆五十一年(1786)金閶書業堂刻本

九行二十一字　左右雙邊　白口

17.8×12.5釐米

浙圖

經1211

爾雅新義二十卷

宋山陰陸佃撰　清仁和宋大樽校

敍錄一卷

清仁和宋大樽輯

清嘉慶十三年(1808)陸芝榮三間草堂刻
本

十行二十字　左右雙邊　黑口　版心下鐫"三
間草堂雕"

17.1×13.6釐米

浙圖

經1212

爾雅新義二十卷

宋山陰陸佃撰　清仁和宋大樽校

敘錄一卷

清仁和宋大樽輯

清嘉慶十三年(1808)陸芝榮三間草堂刻
本　清蕭山王宗炎校

杭圖

經 1213

爾雅註疏參義六卷

清姜兆錫撰

清乾隆五十八年(1793)寶章堂刻本

十行二十五字　左右雙邊　白口

20×15 釐米

溫圖

經 1214

爾雅正義二十卷

清餘姚邵晉涵撰

釋文三卷

唐陸德明撰

清乾隆五十三年(1788)邵氏面水層軒刻
本

九行二十一字　四周雙邊　白口

17.3×12.2 釐米

浙圖　寧圖　溫圖　上虞圖　嵊州圖　玉海樓

經 1215

爾雅郭註補正九卷

清戴鎣撰

清乾隆(1736—1795)刻本

十一行二十一字　四周雙邊　白口

17.9×12.5 釐米

浙圖＊　玉海樓

經 1216

爾雅直音二卷

清孫侃撰

清乾隆六十年(1795)刻天心閣印本

大字五行十五字　左右雙邊　白口

19×14.2 釐米

寧圖

經 1217

爾雅註疏旁訓四卷

清周樽輯

清嘉慶元年(1796)刻本　清駱士奎校補
並跋

兩欄　上欄十行十字　下欄七行二十字　左右
雙邊　白口

20.3×12.8 釐米

浙圖

經 1218

爾雅匡名二十卷

清歸安嚴元照撰

清嘉慶二十五年(1820)勞氏震無咎齋刻
本

十行二十一字　左右雙邊　白口

17.8×13 釐米

浙圖

經 1219

爾雅輯解十一卷

清鄞縣周道遵撰

稿本

天一閣

經 1220

爾雅漢注不分卷

朱孔彰撰

稿本

浙圖

經 1221

小爾雅廣注四卷

清錢塘莫杙撰

張宗祥抄本　海寧張宗祥跋

十行二十四字　四周單邊　白口　版心下鐫
"鐵如意館"

18.2×13.9 釐米

浙圖

經 1222

小爾雅疏八卷

清王煦撰

清嘉慶五年(1800)鑿翠山莊刻本

九行二十一字　四周雙邊　白口

17×12.1釐米

浙圖　溫圖

經 1223

小爾雅疏證五卷

清葛其仁撰

清道光十九年(1839)自刻本

十行二十二字　左右雙邊　白口

18.6×13.1釐米

溫圖

經 1224

輶軒使者絕代語釋別國方言十三卷

漢揚雄撰　晉郭璞注　清仁和盧文弨校
正

校正補遺一卷

清仁和盧文弨撰

清乾隆四十九年(1784)盧文弨刻抱經堂
叢書本　清仁和勞權校

十行二十字　左右雙邊　白口　版心下鐫"抱
經堂校定本"

18.4×13.2釐米

浙大

經 1225

輶軒使者絕代語釋別國方言十三卷

漢揚雄撰　晉郭璞注　清戴震疏證

清嘉慶六年(1801)樊廷緒刻本　清會稽
陶方琦校

九行二十字　左右雙邊　黑口

12.7×10釐米

浙圖

經 1226

釋名八卷

漢劉熙撰

明嘉靖三年(1524)儲良材、程鴻刻本

九行二十字　四周單邊　白口

20.4×13.3釐米

浙大

經 1227

釋名八卷

漢劉熙撰

明刻藍印本

八行十九字　四周單邊　白口

17.4×13釐米

天一閣

經 1228

釋名四卷

漢劉熙撰

明刻廣漢魏叢書本　清錢塘諸可寶校並
跋

九行二十字　左右雙邊　白口

19.8×14.4釐米

浙圖

經 1229

釋名四卷

漢劉熙撰

清嘉慶(1796—1820)刻廣漢魏叢書本
諸暨樓藜然校並跋

九行二十字　左右雙邊　白口

20×14.2釐米

浙圖

經 1230

釋名四卷

漢劉熙撰

清嘉慶(1796—1820)刻廣漢魏叢書本
嘉興沈曾植校並跋

浙博

經 1231

廣雅十卷

魏張揖撰　隋曹憲音解

明嘉靖隆慶間(1522—1572)畢效欽刻五
雅本

九行十八字　四周雙邊　白口

18×11.4釐米

浙大

經1232

廣雅疏證十卷

清王念孫撰

博雅音十卷

隋曹憲撰

清嘉慶(1796—1820)刻本

十行二十一字　左右雙邊　白口

20.5×15.4釐米

浙圖

經1233

廣雅疏證十卷

清王念孫撰

博雅音十卷

隋曹憲撰

清光緒五年(1879)淮南書局刻本　蕭山
單丕校跋並錄海寧王國維識語

十行二十一字　左右雙邊　白口

20.5×13.3釐米

浙圖

經1234

埤倉輯本二卷

魏張揖撰　清會稽陶方琦輯

考異一卷

清任大椿等撰

廣倉輯文一卷

梁樊恭撰　清會稽陶方琦輯

考異一卷

清任大椿等撰

清末抄本

浙圖

經1235

字林考逸八卷

晉呂忱撰　清任大椿輯

清乾隆(1736—1795)刻本

八行十九字　四周單邊　白口

17.7×14.2釐米

浙圖　浙大

經1236

字林考逸八卷

晉呂忱撰　清任大椿輯

清光緒四年(1878)陳倬抄本　清陳倬錄
清鈕樹玉、顧廣圻、馮桂芬校並續校

九行十九字　左右雙邊　白口

18.5×15.6釐米

浙大

經1237

字林考逸八卷

晉呂忱撰　清任大椿輯

抄本

浙圖

經1238

群經音辨七卷

宋賈昌朝撰

清抄本　清海寧周廣業校並跋

天一閣

經1239

埤雅二十卷

宋山陰陸佃撰

明成化十五年(1479)劉廷吉刻嘉靖二年
(1523)王倬重修本

十一行二十字　四周雙邊　黑口

20.5×14.5釐米

玉海樓

經 1240

埤雅二十卷

　宋山陰陸佃撰

　明嘉靖元年(1522)贛州府清獻堂刻本

存七卷　六至十二

　　十行十九字　四周單邊　白口

　　17.5×12.8釐米

天一閣

經 1241

埤雅二十卷

　宋山陰陸佃撰

　明刻本

　　十行二十字　四周雙邊　黑口

　　22×15.3釐米

天一閣

經 1242

埤雅二十卷

　宋山陰陸佃撰

　清康熙(1662—1722)刻本

　　十行二十一字　四周雙邊　白口

　　18.6×13.7釐米

浙圖　溫圖　天一閣

經 1243

埤雅二十卷

　宋山陰陸佃撰

　清康熙(1662—1722)刻本　清陳其榮校

　　並跋

海寧圖

經 1244

新刊埤雅二十卷

　宋山陰陸佃撰

　明刻本

　　十一行二十二字　四周雙邊　白口

　　21.1×14.3釐米

浙圖　溫圖

經 1245

增修埤雅廣要四十二卷

　明牛衷撰

　明刻本

存三卷　一至三

　　九行十八字　四周雙邊　白口

　　12.4×9釐米

天一閣

經 1246

增修埤雅廣要四十二卷

　明牛衷撰

　明萬曆三十八年(1610)孫弘範刻本

　　十行十八字　四周單邊　白口

　　21.8×14.5釐米

浙圖

經 1247

爾雅翼三十二卷

　宋羅願撰

　明正德十四年(1519)羅文殊刻本

　　十行十九字　左右雙邊　白口或細黑口

　　19.8×14.7釐米

天一閣

經 1248

爾雅翼三十二卷

　宋羅願撰

　明嘉靖隆慶間(1522—1572)畢效欽刻五

　　雅本　佚名校點

　　九行二十四字　四周單邊　白口

　　19.3×14.4釐米

浙圖

經 1249

爾雅翼三十二卷

　宋羅願撰

　清抄本

浙圖

經 1250

爾雅翼三十二卷

宋羅願撰　元洪焱祖音釋

明萬曆三十三年（1605）羅文瑞刻本

九行十八字　四周雙邊　白口

23×15 釐米

杭圖

經 1251

爾雅翼三十二卷

宋羅願撰　元洪焱祖音釋

明天啓（1621—1627）刻崇禎六年（1633）

重修本

九行十八字　四周雙邊　白口

23.5×14.8 釐米

天一閣

經 1252

彙雅前集二十卷後編二十八卷

明張萱撰

明萬曆三十三年（1605）清真館刻本

存彙雅前集二十卷

九行十八字　四周單邊　白口

寧海文

經 1253

駢雅七卷

明朱謀㙔撰

明萬曆十七年（1589）朱統鑪玄湛堂刻本

八行十八字　四周雙邊　白口

21×13.6 釐米

浙大

經 1254

駢雅七卷

明朱謀㙔撰

音釋一卷

明萬曆（1573—1620）刻本

八行十八字　四周單邊　白口

20×12.9 釐米

浙圖

經 1255

字詁一卷義府二卷

清黃生撰

附承吉兄字説一卷

清黃承吉撰

清道光二十二年（1842）刻本

十行二十一字　左右雙邊　白口

17.1×13.1 釐米

浙圖　溫圖

經 1256

字詁一卷

清黃生撰

清光緒八年（1882）抄本　清王廷鼎跋

餘杭馬敘倫批校

浙大

經 1257

助字辨略五卷

清劉淇撰

清康熙五十年（1711）盧承琰刻本　清吳

興錢泰吉校並跋

十行二十字　四周單邊　黑口

18×15 釐米

浙博

經 1258

助字辨略五卷

清劉淇撰

清乾隆四十四年（1779）福源堂刻本

十行二十字　左右雙邊　白口　有眉欄

20.5×15 釐米

浙圖

經 1259

通俗編三十八卷

清仁和翟灝撰

清乾隆（1736—1795）翟灝無不宜齋刻本

十二行二十二字　左右雙邊　白口

16.8×12.6釐米

浙圖　溫圖　玉海樓　浙大

經 1260

別雅五卷

清吳玉搢撰

清乾隆七年(1742)程氏督經堂刻本

十行二十字　左右雙邊　黑口

17×12.9釐米

浙圖

經 1261

吳下方言考十二卷

清胡文英輯

清乾隆四十八年(1783)自刻本

九行二十字　左右雙邊　白口

18.1×14.4釐米

浙圖

經 1262

越言釋二卷

清會稽茹敦和撰

勵德人抄本

十行二十字　四周單邊　白口　版心下鐫"德
人鈔藏"

19.5×14.5釐米

浙圖

經 1263

群經字攷十卷

清海鹽吳東發撰

清嘉慶十一年(1806)刻本

九行二十一字　左右雙邊　白口

18.4×14.6釐米

浙圖

經 1264

農雅六卷

清倪倬撰

清嘉慶十九年(1814)倪倬我我書屋刻本

九行二十二字　左右雙邊　白口

18.9×13.3釐米

浙圖

經 1265

拾雅六卷

清夏味堂撰

清嘉慶二十四年(1819)遂園刻本

十行二十一字　左右雙邊　白口

18.1×13.4釐米

溫圖

經 1266

經籍籑詁不分卷

清阮元撰

稿本

八行二十三字　四周單邊　白口

14×10.5釐米

天一閣

經 1267

釋詞補箋二卷

清朱駿聲撰　朱師轍箋

稿本　朱師轍跋

浙圖

經 1268

釋穀四卷

清劉寶楠撰

清咸豐(1851—1861)刻本　清瑞安孫詒
讓批校

十行二十三字　左右雙邊　白口

19.2×13.4釐米

浙大

經 1269

古字發微一卷

清山陰平步青撰

稿本

浙圖

字書

經 1270

小學鉤沈十九卷

　清任大椿輯

　清三百堂陳氏抄本

　　十行二十一字　四周雙邊　白口　版心下鐫
　　"三百堂陳氏鈔本"

　　18.8×13.4釐米

浙圖

經 1271

倉頡篇三卷

　清孫星衍輯　清海寧陳鱣增注

　清抄本

浙圖

經 1272

倉頡篇校證三卷補遺一卷

　清梁章鉅撰

　稿本

　　七行字數不一　四周雙邊　白口　版心下題
　　"茝鄰撰著"

　　17.2×12.1釐米

天一閣

經 1273

倉頡篇校證三卷補遺一卷

　清梁章鉅撰

　稿本

　　六行二十字　四周雙邊　白口

　　20.5×13.3釐米

天一閣

經 1274

急就篇四卷

　漢史游撰　唐顏師古注　宋鄞縣王應麟
　音釋

　明崇禎(1628—1644)毛氏汲古閣刻津逮

祕書本　清瑞安孫詒讓校

　　八行十九字　左右雙邊　白口　版心下鐫"汲
　　古閣"

　　19.1×13.3釐米

玉海樓

經 1275

説文解字十五卷

　漢許慎撰

　清初毛氏汲古閣刻本

　　七行十五字　左右雙邊　白口

　　21.2×15.9釐米

浙圖　餘杭圖　天一閣　玉海樓　浙大

經 1276

説文解字十五卷

　漢許慎撰

　清初毛氏汲古閣刻本　清王昶批校

浙圖

經 1277

説文解字十五卷

　漢許慎撰

　清初毛氏汲古閣刻本　清錢塘胡重跋並
　　錄清惠士奇、惠棟批校

衢博

經 1278

説文解字十五卷

　漢許慎撰

　清乾隆三十八年(1773)朱氏椒華吟舫刻
　　本

　　七行十五字　左右雙邊　白口

　　20.5×15.6釐米

浙圖　嘉圖　紹圖＊　黃巖圖

經 1279

説文解字十五卷

　漢許慎撰

　清乾隆三十八年(1773)朱氏椒華吟舫刻

本　清江颿錄清惠士奇、惠棟校　清
陳壽祺校並跋

七行十五字　左右雙邊　白口

20.5×15.8 釐米

浙圖

經 1280

説文解字注三十卷六書音均表五卷

清段玉裁撰

清乾隆嘉慶間(1736—1820)段氏經韻樓
刻本

説文九行二十二字　左右雙邊　白口

19.1×13.9 釐米

浙圖　海寧圖

經 1281

説文解字注三十卷六書音均表五卷

清段玉裁撰

清同治六年至十一年(1867—1872)蘇州
保息局刻本　平湖屈彊錄常熟楊氏校
語

九行二十二字　左右雙邊　白口

18.9×13.9 釐米

浙大

經 1282

説文解字繫傳四十卷

南唐徐鍇撰

附錄一卷

清乾隆四十七年(1782)汪啓淑刻本

七行　小字雙行二十一字　左右雙邊　黑口

20.2×15.4 釐米

浙圖　寧圖　溫圖　嘉圖　寧大 *

經 1283

説文解字繫傳四十卷

南唐徐鍇撰

附錄一卷

清嘉慶二年(1797)大酉山房刻本　清梅
植之批校

九行　小字雙行二十字　左右雙邊　黑口

12.4×9.6 釐米

浙圖

經 1284

説文字原一卷

漢許慎撰　宋徐鉉切音

清乾隆四十四年(1779)福禮堂刻本

大字四行四字　四周雙邊　白口　版心下鐫
"福禮堂課本"

18.8×14.3 釐米

浙圖

經 1285

説文解字十二卷

漢許慎撰　宋李燾重編

明萬曆二十六年(1598)陳大科刻本

七行　四周雙邊　黑口

24×17.7 釐米

浙圖　天一閣

經 1286

許氏説文解字五音韻譜十二卷

宋李燾撰

明刻本

七行　四周單邊　白口

24.2×17.8 釐米

浙圖

經 1287

重刊許氏説文解字五音韻譜十二卷

宋李燾撰

明弘治十四年(1501)車玉刻本

七行十四字　四周雙邊　黑口

24.5×18 釐米

浙圖

經 1288

重刊許氏説文解字五音韻譜十二卷

宋李燾撰

小學類

明刻本

七行十四字　四周雙邊　黑口

24×17.8 釐米

浙圖

經 1289

重刊許氏説文解字五音韻譜十二卷

宋李燾撰

明刻本

七行十四字　左右雙邊　白口

19.2×14.8 釐米

浙圖　嘉圖　天一閣

經 1290

重刊許氏説文解字五音韻譜十二卷

宋李燾撰

明刻本

七行十四字　四周雙邊　黑口

24.5×17.8 釐米

浙圖　溫圖　天一閣*

經 1291

重刊許氏説文解字五音韻譜十二卷

宋李燾撰

明天啓七年(1627)世裕堂刻本

七行十四字　左右雙邊　白口

19.5×14.5 釐米

紹圖

經 1292

重刊許氏説文解字五音韻譜十二卷

宋李燾撰

明天啓七年(1627)世裕堂刻本　張崟校

　並跋　富陽夏定域校並跋

七行十四字　左右雙邊　白口

19.6×14.5 釐米

浙圖

經 1293

重刊許氏説文解字五音韻譜十二卷

宋李燾撰

明刻本

存七卷　一至七

七行十四字　左右雙邊　白口

22.7×17.7 釐米

浙大

經 1294

**説文長箋一百卷首二卷解題一卷六書長箋
七卷**

明趙宧光撰

明崇禎四年(1631)趙均小宛堂刻本

十行二十字　左右雙邊　白口

21.3×14.7 釐米

天一閣　浙大

經 1295

**説文長箋一百卷首二卷解題一卷六書長箋
七卷**

明趙宧光撰

明崇禎四年(1631)趙均小宛堂刻本〔卷
　三十三至四十九、六十七至六十九配
　清抄本〕

浙圖

經 1296

説文引經攷二卷補遺一卷

清吳玉搢撰

清張寶德鐵硯齋抄本

浙大

經 1297

説文凝錦錄一卷

清秀水萬光泰撰

清嘉慶二年(1797)澤經堂刻本

十行二十字　四周雙邊　白口

17.4×13.2 釐米

浙圖

小學類

經 1298

汲古閣説文訂一卷

清段玉裁撰

清嘉慶二年(1797)袁氏五硯樓刻本

九行二十二字　左右雙邊　白口　版心下鐫
"五硯樓"

20.7×15.8 釐米

浙圖

經 1299

汲古閣説文訂一卷

清段玉裁撰

清光緒九年(1883)姚氏刻咫進齋叢書本
清歸安姚覲元校

十三行二十二字　左右雙邊　黑口　版心下鐫
"咫進齋叢書歸安姚氏栞"

18.2×13.7 釐米

浙圖

經 1300

説文蟸箋十四卷

清潘奕雋撰

清嘉慶七年(1802)潘氏三松堂刻本

十行二十字　四周雙邊　白口

18.3×13.3 釐米

浙圖

經 1301

説文解字斠詮十四卷

清錢坫撰

清嘉慶十六年(1811)刻本

七行　小字雙行二十五字　左右雙邊　白口

20.9×15.7 釐米

浙圖

經 1302

説文解字群經正字二十八卷

清餘姚邵瑛撰

手稿本〔卷二十七至二十八配抄本〕　黄
大塤跋　餘姚邵啓賢跋

經 1303

説文解字群經正字二十八卷

清餘姚邵瑛撰

清嘉慶二十一年(1816)桂隱書屋刻本

十一行二十二字　左右雙邊　白口

19.5×13.7 釐米

浙圖　溫圖

經 1304

説文解字籤注一卷

清桂馥撰

清姚氏咫進齋抄本

十三行字數不一　左右雙邊　黑口　版心下鐫
"歸安姚氏咫進齋"

17.8×13.6 釐米

浙圖

經 1305

説文字原集註十六卷附表一卷表説一卷

清蔣和撰

清乾隆五十三年(1788)刻本

六行　小字雙行二十一字　四周雙邊　綫黑口

19.8×13.8 釐米

玉海樓

經 1306

説文字原集註十六卷附表一卷表説一卷

清蔣和撰

清乾隆五十三年(1788)刻本　清黄巖王
詠霓校

六行　小字雙行二十一字　四周雙邊　綫黑口

20.2×13.8 釐米

浙圖

經 1307

説文疑疑二卷附一卷

清孔廣居撰

清嘉慶七年(1802)詩禮堂刻本

八行二十字　左右雙邊　綫黑口

18.5×13.7 釐米

浙圖　溫圖

經 1308

説文字原韻表二卷

　清錢塘胡重撰

　清嘉慶十六年(1811)金氏月香書屋刻本

　七行字數不一　左右雙邊　黑口

20.7×15.4 釐米

浙圖　溫圖

經 1309

説文統釋自序一卷

　清錢大昭撰

音同義異辨一卷

　清畢沅撰

　清光緒八年(1882)郭傳璞刻金峨山館叢

　書本　清會稽陶方琦校

　十行二十一字　左右雙邊　黑口

17.4×13.3 釐米

浙圖

經 1310

説文偏旁考二卷

　清吳照撰

　清乾隆(1736—1795)吳氏聽雨齋刻本

　小字十二行二十四字　左右雙邊　綫黑口

21.3×15.8 釐米

嘉圖

經 1311

説文字原考略六卷

　清吳照撰

　清乾隆五十七年(1792)吳照南昌寓館刻

　本

　七行字數不一　左右雙邊　白口

21.4×16 釐米

浙大　天一閣 *

經 1312

説文新附攷六卷續攷一卷

　清鈕樹玉撰

　清嘉慶六年(1801)鈕氏非石居刻本

　十行二十字　左右雙邊　白口

19×14.1 釐米

浙圖

經 1313

段氏説文注訂八卷

　清鈕樹玉撰

　清道光四年(1824)刻本

　九行二十三字　左右雙邊　白口

18.5×13.1 釐米

浙圖　溫圖

經 1314

段氏説文注訂八卷

　清鈕樹玉撰

　清同治十三年(1874)湖北崇文書局刻本

　　佚名批校

　九行二十二字　四周雙邊　白口

17.9×13.3 釐米

浙大

經 1315

説文解字攷異十五卷

　清歸安姚文田、烏程嚴可均撰　清歸安

　　姚覲元校補

　稿本

存四卷　一至四

浙圖

經 1316

説文注補鈔不分卷

　清烏程嚴可均撰

　稿本　清王筠跋

　十行二十九或三十字　四周雙邊　白口

19.5×14.2 釐米

浙大

經 1317

諧聲補逸十四卷

清宋保撰

清嘉慶(1796—1820)志學堂刻本　清德

清戴望校　清瑞安孫詒讓跋

十行二十字　左右雙邊　白口

19.8×14.5 釐米

浙大

經 1318

説文辨字正俗八卷

清嘉興李富孫撰

清嘉慶二十三年(1818)李富孫校經廎刻

本

十行二十一字　左右雙邊　黑口

18.2×13.2 釐米

浙圖　溫圖

經 1319

説文考異五卷附錄一卷

清顧廣圻撰

清潘錫爵抄本　清潘錫爵校並錄清孫星

衍、管慶祺批校

存四卷　一至四

浙圖

經 1320

説文辨疑一卷

清顧廣圻撰

清同治十二年(1873)遜學齋抄本　清瑞

安孫詒讓跋

十行二十字　左右雙邊　綫藍口

19.5×11.9 釐米

浙大

經 1321

説文五翼八卷

清上虞王煦撰

清嘉慶十三年(1808)芮鞠山莊刻本

九行二十一字　四周雙邊　白口　版心下鐫

"芮鞠山莊"

16.9×12 釐米

浙圖　溫圖

經 1322

説文引經異字三卷

清吳雲蒸撰

清道光(1821—1850)刻本

六行字數不一　左右雙邊　黑口

17.5×12.9 釐米

浙圖

經 1323

説文古本攷十四卷

清嘉興沈濤撰

清光緒十年(1884)潘氏滂喜齋刻本　餘

杭馬敘倫校補

十行二十四字　左右雙邊　白口

17.3×13.3 釐米

浙大

經 1324

**説文通訓續補遺不分卷附沈文肅公別傳一
卷**

清朱駿聲撰　朱孔彰輯

稿本

浙圖

經 1325

説文窺管一卷

清周沐潤撰

錢玄同篆文寫本　嘉興陸祖穀校並跋

十行十六字　左右雙邊　白口

21×14.5 釐米

浙圖

經 1326

説文部首歌一卷

清馮桂芬撰

清李文田抄本　錢塘吳士鑑跋

十行　四周單邊　白口

20×14.7釐米

杭圖

經 1327

印林文稿一卷

清許瀚撰

清抄本

十二行二十字　左右雙邊　藍口

16.4×11.9釐米

浙大

經 1328

説文引經攷證七卷説文引經互異説一卷

清陳瑑撰

清同治十三年(1874)湖北崇文書局刻本

　清潘鐘瑞、雷浚批校　平湖屈彊跋

十行二十三字　四周雙邊　白口

19×13.4釐米

浙大

經 1329

説文校議議十五卷

清歸安嚴章福撰

清抄本

19.8×15釐米

浙圖

經 1330

説文楬原二卷

清安吉張行孚撰

稿本

浙圖

經 1331

説文楬原二卷

清安吉張行孚撰

清光緒十一年(1885)維揚識小居刻後知

　不足齋叢書本　平湖屈彊校

七行十二字　左右雙邊　黑口

18.5×14.2釐米

浙大

經 1332

説文經字錄三卷

清烏程李宗蓮撰

稿本

浙圖

經 1333

説文諧聲表十七卷

清梁紀恩、梁承恩撰

清抄本

浙圖

經 1334

説文補例一卷説文解字索隱一卷

清長興張度撰

劉氏嘉業堂抄本

十一行二十一字　左右雙邊　藍口

18.8×13.3釐米

浙圖

經 1335

説文重文箋不分卷

朱孔彰撰　朱師轍校

稿本

浙圖

經 1336

説文重文箋二卷

朱孔彰撰　朱師轍補輯

稿本

浙圖

經 1337

説文重文約箋三卷

朱孔彰撰

稿本

浙圖

經 1338

許書重文校不分卷

朱孔彰撰

稿本

浙圖

經 1339

玉篇殘四卷

梁顧野王撰

清光緒(1875—1908)黎庶昌刻古逸叢書
本　清楊守敬校　長興王修跋

六行　小字雙行字數不一　四周單邊　白口

23.9×18.9釐米

浙圖

經 1340

大廣益會玉篇三十卷

梁顧野王撰　唐富陽孫強增字　宋陳彭
年等重修

玉篇廣韻指南一卷

元刻本

存二十卷　卷十一至三十

十二行字數不一　四周雙邊　黑口

21.8×13.3釐米

浙圖

經 1341

大廣益會玉篇三十卷

梁顧野王撰　唐富陽孫強增字　宋陳彭
年等重修

玉篇廣韻指南一卷

明初刻本

十二行二十字　四周雙邊　黑口

21.4×13.1釐米

浙大

經 1342

大廣益會玉篇三十卷

梁顧野王撰　唐富陽孫強增字　宋陳彭
年等重修

玉篇廣韻指南一卷

明劉氏明德書堂刻本

十二行字數不一　四周雙邊　黑口

蕭山博

經 1343

新刊大廣益會玉篇三十卷

梁顧野王撰　唐富陽孫強增字　宋陳彭
年等重修

玉篇廣韻指南一卷

明萬曆元年(1573)益藩刻本

九行十五字　小字雙行三十字　四周雙邊　黑
口

23.4×15.3釐米

浙圖

經 1344

大廣益會玉篇三十卷

梁顧野王撰　唐富陽孫強增字　宋陳彭
年等重修

玉篇廣韻指南一卷

明刻本

九行十七字　小字雙行三十四字　四周雙邊
黑口

24.4×18釐米

浙圖　天一閣　浙大

經 1345

玉篇三十卷

梁顧野王撰　唐富陽孫強增字　宋陳彭
年等重修

清康熙四十三年(1704)張士俊刻澤存堂
五種本　清海寧蔣光焴跋

十行二十字　左右雙邊　白口

20.7×15.3釐米

浙圖

經 1346

玉篇三十卷

梁顧野王撰　唐富陽孫強增字　宋陳彭

年等重修

清康熙四十三年(1704)張士俊刻澤存堂
五種本　瑞安楊紹廉批校

溫圖

經1347

桂苑珠叢一卷

隋諸葛穎撰　清海寧鄒存淦輯

清抄本

浙圖

經1348

干祿字書一卷

唐顏元孫撰

清康熙(1662—1722)馬氏叢書樓刻本

四行七字　左右雙邊　白口

19.8×13.8釐米

浙圖

經1349

五經文字三卷

唐張參撰

新加九經字樣一卷

唐唐玄度撰

清康熙五十四年(1715)項絪刻本

九行十六字　小字雙行二十四字　四周單邊
綫黑口

17.9×13.6釐米

浙圖

經1350

五經文字三卷

唐張參撰

清乾隆五年(1740)馬曰璐刻本

五行字數不一　四周單邊　白口

22.9×15釐米

浙圖

經1351

汗簡七卷

宋郭忠恕撰

清康熙四十二年(1703)汪立名一隅艸堂
刻本

八行字數不一　左右雙邊　白口

21.4×15.6釐米

浙圖　溫圖　天一閣　浙大

經1352

佩觿三卷

宋郭忠恕撰

清康熙四十九年(1710)張士俊刻澤存堂
五種本　清錢塘羅以智校並錄清海寧
吳騫、翁方綱、桂馥、羅有高校跋

八行十七字　左右雙邊　白口

20.2×15.5釐米

天一閣

經1353

佩觿三卷

宋郭忠恕撰

清光緒十四年(1888)上海蜚英館影印清
康熙四十九年(1710)張士俊刻澤存堂
五種本　蕭山單丕校並錄海寧吳騫、
桂馥等校語

八行十七字　左右雙邊　白口

15.4×11.4釐米

浙圖

經1354

新集古文四聲韻五卷

宋夏竦撰

附錄一卷

清乾隆四十四年(1779)汪啟淑刻本

六行字數不一　左右雙邊　白口

20.6×15.8釐米

浙圖　溫圖

經1355

增訂金壺字考十九卷

宋釋適之撰　清石門田朝恒增訂

金壺字考二集二十一卷補錄一卷補註一卷

清石門田朝恒撰

清乾隆二十七年（1762）貽安堂刻本

八行　小字雙行三十二字　左右雙邊　白口

16.3×12.8 釐米

浙圖　嘉圖

經 1356

復古編二卷

宋吳興張有撰

校正一卷

清葛鳴陽撰

附錄一卷曾樂軒稿一卷

宋張維撰

安陸集一卷

宋張先撰

清乾隆四十六年（1781）葛鳴陽刻本　清
鎮海姚景夔跋

存四卷　復古編二卷　校正　附錄

五行字數不一　四周單邊　白口

16.1×13 釐米

浙圖

經 1357

增修復古編二卷

宋吳興張有撰　元吳均增補

清抄本

天一閣

經 1358

隸韻十卷碑目一卷

宋劉球撰

隸韻攷證二卷碑目攷證一卷

清翁方綱撰

清嘉慶十五年（1810）秦恩復刻本

五行十二字　隸韻攷證八行二十字　四周單邊
白口

22.8×14.5 釐米

浙圖　溫圖　天一閣

經 1359

漢隸字源五卷碑目一卷附字一卷

宋嘉興婁機撰

明末毛氏汲古閣刻本

漢隸字源五行　碑目九行十九字　左右雙邊
白口　版心下鐫“汲古閣”

24×16.8 釐米

浙圖　天一閣　浙大

經 1360

漢隸字源五卷碑目一卷附字一卷

宋嘉興婁機撰

明末毛氏汲古閣刻受恒堂印本

天一閣　玉海樓

經 1361

班馬字類二卷

宋嘉興婁機撰

清康熙（1662—1722）馬氏叢書樓刻本

九行十七字　左右雙邊　綫黑口

18×14.2 釐米

浙圖　溫圖＊　天一閣

經 1362

班馬字類五卷

宋嘉興婁機撰

清抄本

嘉圖

經 1363

龍龕手鑑四卷

遼釋行均撰

清抄本

浙圖

經 1364

六書故三十三卷六書通釋一卷

元永嘉戴侗撰

明末毛氏汲古閣影元抄本

七行十七字　左右雙邊　白口

21.7×15.6 釐米
溫圖

經 1365
六書故三十三卷六書通釋一卷
元永嘉戴侗撰
清乾隆四十九年(1784)李鼎元刻本
七行十七字　四周單邊　白口　有眉欄
22.3×15 釐米
浙圖　嘉圖　玉海樓＊

經 1366
字鑑五卷
元李文仲撰
清康熙四十八年(1709)張士俊刻澤存堂五種本　清瑞安方成珪校
八行十九字　四周單邊　白口
19.1×14 釐米
溫圖

經 1367
字鑑五卷
元李文仲撰
清道光五年(1825)許槤筆經書塾刻本
七行　左右雙邊　黑口
19.1×12.4 釐米
浙圖

經 1368
字鑑五卷
元李文仲撰　清瑞安方成珪校
抄本　瑞安楊紹廉題款
十一行二十五字　左右雙邊　白口
20×14.4 釐米
玉海樓

經 1369
説文字原一卷
元周伯琦撰
明嘉靖元年(1522)于鏊刻本
五行字數不一　左右雙邊　綫黑口
23.8×15 釐米
天一閣

經 1370
六書正譌五卷
元周伯琦撰
明嘉靖元年(1522)于鏊刻本
五行　小字雙行二十字　左右雙邊　綫黑口
24.5×15.3 釐米
天一閣

經 1371
六書正譌五卷
元周伯琦撰
清康熙(1662—1722)刻本
五行六字　小字雙行十八字　四周單邊　白口　版心下鎸"十竹齋"
20.5×14.3 釐米
嘉圖　衢博＊

經 1372
六書正譌五卷
元周伯琦撰
清康熙(1662—1722)刻古香閣印本
浙圖

經 1373
漢隸分韻七卷
明正德十一年(1516)刻本　清海鹽張燕昌跋
八行十四字　四周單邊　白口
21.5×13.9 釐米
浙圖

經 1374
集漢隸分韻七卷
明李宗樞臨　清鄞縣萬承天重臨
清乾隆三十七年(1772)萬氏辨志堂刻本
九行二十字　左右雙邊　白口

20.5×14.3 釐米

浙圖　溫圖　紹圖　玉海樓

經 1375

篇海類編二十卷

　　題明浦江宋濂撰

附錄一卷

　　明張嘉和輯

　　明刻本

　　　九行十五字　小字雙行三十字　四周單邊　白
　　　口

　　　22.2×14.2 釐米

浙圖

經 1376

六書精蘊六卷

　　明魏校撰

音釋舉要一卷

　　明徐官撰

　　明嘉靖十九年(1540)魏希明刻本

　　　五行十字　小字雙行二十字　左右雙邊　綫黑
　　　口

　　　18.7×14 釐米

浙圖　天一閣＊　浙大

經 1377

金石韻府五卷

　　明朱雲撰

　　明刻朱印本

　　　六行字數不一　四周單邊　白口

　　　20.6×15.1 釐米

天一閣

經 1378

金石韻府五卷

　　明朱雲撰

　　明刻朱印本　清朱棟跋

天一閣

經 1379

金石韻府五卷

　　明朱雲撰

　　明刻朱印本　長興王修跋

浙圖

經 1380

金石韻府五卷

　　明朱雲撰

　　明抄本

浙圖

經 1381

金石韻府五卷

　　明朱雲撰

　　清康熙(1662—1722)抄本

浙圖

經 1382

金石韻府五卷

　　明朱雲撰

　　清康熙六十年(1721)祝維垣抄本　清祝
　　　維垣題款

浙圖

經 1383

廣金石韻府五卷

　　清林尚葵輯

　　清康熙九年(1670)周亮工賴古堂刻朱墨
　　　套印本

　　　六行字數不一　四周單邊　白口

　　　21.6×15 釐米

浙圖

經 1384

廣金石韻府五卷

　　清林尚葵輯

　　清康熙九年(1670)周亮工賴古堂刻朱墨
　　　套印本　佚名批注

浙圖

經 1385

六書賦音義二十卷

明張士佩撰

明萬曆三十年（1602）刻本

八行十二字　小字雙行二十四字　四周雙邊
白口

21.3×14.5 釐米

浙圖

經 1386

六書賦音義二十卷

明張士佩撰

明天啓三年（1623）馮嘉會刻本

缺四卷　十二至十五

八行十二字　小字雙行二十四字　四周雙邊
白口

21.3×14.3 釐米

天一閣

經 1387

**同文備攷八卷首三卷聲韻會通一卷韻要粗
釋四卷**

明王應電撰

明嘉靖三十六年（1557）王宗沐刻本

存七卷　同文備攷一至五　卷八上　聲韻
會通

七行　小字雙行二十八字　四周單邊　白口

21.8×15.6 釐米

天一閣

經 1388

摭古遺文二卷

明李登撰

再增摭古遺文一卷

明姚履旋增補

明萬曆二十二年（1594）姚履旋等刻本
〔序、目錄配抄本〕　清王星伯、呂瑞跋
長興王修跋

八行　四周單邊　白口

19.7×15.2 釐米

浙圖

經 1389

摭古遺文二卷

明李登撰　明姚履旋增補

再增摭古遺文一卷

明姚履旋增補

明萬曆三十一年（1603）李思謙刻本

八行　四周單邊　白口

20.5×15 釐米

浙圖

經 1390

摭古遺文二卷

明李登撰　明姚履旋增補

再增摭古遺文一卷

明姚履旋增補

明萬曆三十一年（1603）李思謙刻致和堂
印本

平湖圖

經 1391

摭古遺文不分卷

明李登撰

又增一卷再增摭古遺文一卷

明姚履旋增補

清抄本

浙圖

經 1392

重刊訂正篇海十卷

明李登撰

明崇禎七年（1634）刻本

九行十三字　小字雙行二十六字　四周單邊
白口

22.2×14.5 釐米

天一閣

經 1393

重校經史海篇直音十卷

明刻本

十行十五字　小字雙行三十字　左右雙邊　白口

21.8×14.8 釐米

浙圖　溫圖＊　天一閣＊　玉海樓＊

經 1394

新校經史海篇直音五卷

明萬曆三年（1575）司禮監刻本

十一行　四周雙邊　黑口

23.5×16.5 釐米

天一閣

經 1395

新校經史海篇直音五卷

明萬曆六年（1578）黃祿刻本

十一行　四周雙邊　黑口

23×16 釐米

杭圖

經 1396

新校經史海篇直音五卷

明刻本

十一行　四周雙邊　黑口

23.2×16.5 釐米

浙圖

經 1397

新校經史海篇直音五卷

明刻本

十一行　四周雙邊　黑口

23.5×16.5 釐米

浙圖

經 1398

新校經史海篇直音五卷

明刻本

十一行　四周雙邊　黑口

23.4×16.5 釐米

浙圖　嵊州圖＊　天一閣＊

經 1399

新校經史海篇直音五卷

清抄本

十一行　四周雙邊　黑口

23.6×16.6 釐米

浙圖

經 1400

重校全補海篇直音十二卷首三卷

明蔡爌輯

新集背篇列部之字一卷

明萬曆二十三年（1595）書林鄭世豪刻本

十行　四周單邊　白口

23.6×16.6 釐米

浙圖

經 1401

俗書刊誤十二卷

明焦竑撰

清抄本

浙圖

經 1402

六書正義十二卷

明吳元滿撰

明萬曆三十三年（1605）刻本

七行　小字雙行二十二字　四周單邊　白口

20.1×14.6 釐米

浙圖　溫圖

經 1403

六書總要五卷附正小篆之訛一卷諧聲指南一卷

明吳元滿撰

明萬曆十二年（1584）刻本

存六書總要五卷

十四行二十五字　四周單邊　白口

21.2×14.1 釐米

浙圖

經 1404

字學三正四卷

明郭一經撰

清抄本

浙圖

經 1405

字彙十二卷首一卷末一卷韻法直圖一卷韻法橫圖一卷

明梅膺祚撰

明萬曆四十三年(1615)刻本

八行　小字雙行二十四字　左右雙邊　黑口

21.6×14.7釐米

浙圖

經 1406

字彙十二卷首一卷末一卷韻法直圖一卷韻法橫圖一卷

明梅膺祚撰

清康熙(1662—1722)刻本

存字彙十二卷

八行　小字雙行二十四字　左右雙邊　黑口

21.6×14.7釐米

浙圖

經 1407

字彙十二卷首一卷末一卷

明梅膺祚撰

清康熙三十八年(1699)杭州瑪瑙寺刻本

八行　小字雙行二十四字　四周雙邊　白口

21.8×14.5釐米

天一閣

經 1408

字彙十二卷首一卷末一卷

明梅膺祚撰

清刻本

八行　小字雙行二十四字　四周雙邊　黑口

20.9×14.9釐米

玉海樓

經 1409

字彙數求聲十二卷

明梅膺祚撰　清錢塘虞德升繫聲

清康熙刻本

十行十二字　四周單邊　白口

20.2×14.5釐米

浙圖

經 1410

字學類辨四卷

明婺州徐與稽撰

明天啓(1621—1627)刻本

八行十三字　小字雙行二十六字　四周單邊　白口

21.3×14.7釐米

海寧圖

經 1411

六書通十卷

明烏程閔齊伋撰　清海鹽畢弘述篆訂

清康熙五十九年(1720)基閎堂刻本

八行十二字　小字雙行二十四字　四周雙邊　白口

21.3×15.4釐米

浙圖

經 1412

六書通十卷

明烏程閔齊伋撰　清海鹽畢弘述篆訂

清康熙五十九年(1720)基閎堂刻乾隆(1736—1795)重修本

嘉圖　諸暨圖*　天一閣　衢博

經 1413

六書準不分卷

清馮鼎調撰

清康熙(1662—1722)刻本

七行　小字雙行二十七字　四周單邊　白口
22.1×14.8釐米
浙圖

經 1414
略彙集類十二卷
清初抄本
十行　小字雙行二十一字　四周單邊　白口
18.6×14.4釐米
浙圖

經 1415
篆文纂要全宗四卷目錄二卷
清錢塘陳策撰
清康熙十一年(1672)刻本
存四卷　一至四
八行　四周雙邊　白口
21.3×15釐米
浙圖

經 1416
篆文纂要全宗四卷目錄二卷
清錢塘陳策撰
清抄本
存四卷　篆文纂要全宗一至二　目錄全
浙圖

經 1417
正字通十二卷首一卷
清張自烈撰　清廖文英輯
清康熙(1662—1722)刻本
八行十二字　小字雙行二十四字　四周雙邊
白口
21×13.8釐米
浙圖

經 1418
正字通十二卷首一卷
清張自烈撰　清廖文英輯
清康熙(1662—1722)芥子園刻本

八行十二字　小字雙行二十四字　四周雙邊
白口　版心下鐫"芥子園重鐫"
20×13.9釐米
浙圖　溫圖

經 1419
康熙字典十二集三十六卷總目一卷檢字一
卷辨似一卷等韻一卷補遺一卷備考一卷
清張玉書、凌紹雯等纂修
清康熙五十五年(1716)內府刻本
八行　小字雙行二十四字　四周雙邊　白口
19.8×13.9釐米
浙圖　嘉圖＊　天一閣　湖博

經 1420
讀書正音四卷
清石門吳震方輯
清康熙(1662—1722)學古堂刻本　佚名
校
十行二十五字　左右雙邊　白口
20.1×14.3釐米
浙圖

經 1421
讀書正音四卷
清石門吳震方輯　清孫湄重訂
清康熙(1662—1722)學古堂刻乾隆二十
四年(1759)孫濤重修本
浙圖

經 1422
諧聲品字箋九卷
清錢塘虞德升撰　清錢塘虞嗣集補註
清康熙十六年(1677)陸頖、陸顥刻二十
三年(1684)虞嗣集增刻本
八行　小字雙行二十四字　四周單邊　白口
20.6×14.6釐米
浙圖　衢博＊

經 1423

字學津梁不分卷

清錢塘傅起儒輯

清康熙二十六年(1687)刻本

十行二十三字　四周雙邊　白口

21.9×15.6 釐米

浙圖

經 1424

篆字彙十二卷

清佟世男輯

清康熙(1662—1722)多山堂刻本

八行十二字　小字雙行二十四字　左右雙邊

白口　版心下鐫"多山堂"

20.5×13.6 釐米

浙圖

經 1425

六書分類十二卷首一卷

清傅世垚撰

稿本

存七卷　首　一至六

浙圖

經 1426

六書分類十二卷首一卷

清傅世垚撰

清康熙四十四年(1705)聽松閣刻本

八行　四周單邊　白口　版心下鐫"聽松閣"

19.6×13.7 釐米

浙圖　海寧圖

經 1427

六書分類十二卷首一卷

清傅世垚撰

清康熙四十四年(1705)聽松閣刻潛川樂
　　義堂印本

溫圖

經 1428

六書分類十二卷首一卷

清傅世垚撰

清康熙四十四年(1705)聽松閣刻寶仁堂
　　印本

浙圖

經 1429

鐘鼎字源五卷附錄一卷

清錢塘汪立名撰

清康熙五十五年(1716)汪氏一隅草堂刻
　　本

六行　左右雙邊　白口

17.6×13.1 釐米

浙圖　溫圖　天一閣

經 1430

隸辨八卷

清顧藹吉撰

清康熙五十七年(1718)項氏玉淵堂刻本

十二行二十字　四周單邊　綫黑口

18.9×14.7 釐米

浙圖　玉海樓　浙大

經 1431

隸辨八卷

清顧藹吉撰

清乾隆八年(1743)黄晟刻本

十二行二十字　四周單邊　綫黑口

19×14.7 釐米

浙圖　溫圖　嘉圖　平湖圖　上虞圖＊　玉海樓
衢博＊

經 1432

六書例解一卷六書雜説一卷八分書辨一卷

清楊錫觀撰

清雍正十三年(1735)刻乾隆五十一年
　　(1786)馮浩重修本

九行二十二字　四周單邊　黑口

20.5×14.1 釐米

浙圖

經 1433
隸法彙纂十卷字總錄一卷
　清項懷述撰
　清乾隆五十一年(1786)小酉山房刻本
　卷九係漢碑假借通用字攷,卷十係漢隸
　　偏旁書法備攷
　六行字數不一　四周單邊　白口
　17.9×12.3 釐米
浙圖

經 1434
皇朝六書略三卷
　清抄本
　九行二十一字　四周單邊　白口
　19.5×14.7 釐米
天一閣

經 1435
隸楓不分卷
　清四明董元宿輯
　稿本
天一閣

經 1436
福祿壽篆文圖三卷篆文攷略一卷
　清陳嘉穀輯
　清乾隆十九年(1754)刻本
　四周雙邊　黑口
　18.1×12.8 釐米
杭博

經 1437
佩文韻篆六卷
　清仁和張嘉慶輯
　清乾隆二十七年(1762)汪氏閑存齋刻本
　八行字數不一　四周雙邊　白口
　22.1×14.3 釐米
浙圖

經 1438
萬言肆雅一卷
　清屈曾發撰
　清乾隆(1736—1795)刻本
　十行　小字雙行三十二字　四周雙邊　白口
　18.5×14.9 釐米
嘉圖

經 1439
經典文字辨正不分卷
　清錢大昕撰
　清抄本
浙圖

經 1440
六書會原十卷首一卷
　清餘姚潘肇豐撰
　清嘉慶六年(1801)刻本
　六行　小字雙行二十字　四周雙邊　白口
　19.5×14.7 釐米
浙圖

經 1441
六書通摭遺十卷
　清畢星海輯
　清嘉慶六年(1801)畢氏基聞艸堂刻本
　八行十二字　小字雙行二十四字　四周雙邊
　　白口
　21.8×15.2 釐米
浙圖

經 1442
藝文備覽一百二十卷補詳字義十四卷
　清嘉興沙木撰
　清嘉慶十一年(1806)刻本
　五行八字　四周雙邊　黑口
　19.8×13 釐米
浙圖

經 1443

幼學津梁八卷首一卷末一卷

清武林章鵬飛輯

稿本

浙圖

經 1444

新訂奇異俗古字彙不分卷

清謝華峰輯

清嘉慶二年(1797)稿本

杭博

經 1445

字學須知不分卷

清抄本

紹圖

經 1446

字形聲辨一卷

清歸安沈棠臣撰

劉氏嘉業堂抄本

浙圖

經 1447

隸篇十五卷續十五卷再續十五卷

清翟雲升撰

清道光十七年至十八年(1837—1838)

翟雲升五經歲偏齋刻本　海寧張宗

祥校並跋

十四行二十五字　左右雙邊　白口

23.7×16.8 釐米

海寧圖

經 1448

篆字類鈔不分卷

清王筠撰

稿本

八行十二字　四周雙邊　白口

19.9×14.7 釐米

浙大

經 1449

六書叚借經徵四卷

清朱駿聲輯

稿本

浙圖

經 1450

六書古訓十五卷

清黃巖王棻撰

清光緒五年(1879)稿本　清瑞安孫詒讓

跋

存二卷　一至二

九行字數不一　四周雙邊　白口　版心下鐫

"柔橋隱居"

19.6×14 釐米

浙圖

經 1451

六書古訓二十四卷

清黃巖王棻撰

稿本

六書解一卷

六書表一卷

六書辯二卷

六書譜二十卷

九行二十四字　四周雙邊　白口　版心下鐫

"柔橋隱居"

黃巖圖

經 1452

書契原愷十四卷

清會稽陳致煥撰

稿本

天一閣

經 1453

古籀答問一卷象形注例解二卷

清鄭知同撰

手稿本　王燖鑣跋

浙大

經 1454

同音集釋要四卷

清義烏朱一新撰

稿本

浙圖

經 1455

古籀拾遺三卷

清瑞安孫詒讓撰

稿本

十行字數不一　左右雙邊　綫藍口

19.4×11.8釐米或 14.7×10.5釐米

浙大

經 1456

古籀餘論一卷

清瑞安孫詒讓撰

稿本

十二行二十三字　左右雙邊　綫藍口

16.8×11.8釐米

浙大

經 1457

契文舉例二卷

清瑞安孫詒讓撰

清光緒三十年(1904)稿本

十二行二十三字　左右雙邊　綫藍口

16.9×11.8釐米

浙大

經 1458

名原二卷

清瑞安孫詒讓撰

清光緒(1875—1908)刻本　象山陳漢章

校

十五行二十五字　左右雙邊　綫黑口

23.4×16.9釐米

浙圖

經 1459

名原二卷

清瑞安孫詒讓撰

清光緒(1875—1908)刻本　瑞安孫延釗

校並跋

浙大

經 1460

同文千字文二卷

明汪以成輯

明萬曆十年(1582)汪氏經義齋刻本

五行十字　小字雙行二十字　四周單邊　白口

20.7×13.8釐米

浙圖　天一閣

經 1461

正縠堂千字文二卷

明洪朱祉釋篆

清雍正十年(1732)朱宏文抄本

浙圖

經 1462

浙垣同音千字文四卷

清義烏朱一新撰

稿本

浙圖

經 1463

千字文集字彙六卷

清嵇仰洙撰

清抄本

浙大

經 1464

至元譯語一卷

元陳元靚撰

清光緒十六年(1890)吳士鑑抄本　海寧

張宗祥跋

九行二十字　四周雙邊　白口

18.3×12.7釐米

浙圖

經 1465

華夷譯語□□卷

　明火源潔撰

　明刻本

　　存九卷　暹羅館中　高昌館中至下　西

　　　番館中至下　百夷館中至下　女真館

　　　中至下

　　四周雙邊　黑口

　　20.5×15.5 釐米

天一閣

經 1466

**御製增定清文鑑三十二卷總綱八卷補編四
卷補編總綱二卷**

　清傅恒等撰

　清乾隆三十六年(1771)武英殿刻本

　　八行字數不一　四周雙邊　白口

　　22.7×17.8 釐米

浙圖

經 1467

清文補彙八卷

　　清宜興撰

　　清嘉慶七年(1802)刻本

　　八行　四周雙邊　白口

　　20.4×15.1 釐米

浙圖

韻書

經 1468

廣韻五卷

　明劉氏明德書堂刻本

　　十二行十七字　小字雙行三十二或三十三字

　　　細黑口

蕭山博

經 1469

廣韻五卷

　明刻本

　　九行　四周雙邊　黑口

　　24.4×17.9 釐米

浙圖

經 1470

廣韻五卷

　明刻本　佚名批校

　　九行　四周雙邊　黑口

　　24.4×18.2 釐米

浙圖

經 1471

廣韻五卷

　宋陳彭年等撰

　清康熙四十三年(1704)張士俊刻澤存堂

　　五種本　清錢塘胡重批校

　　十行二十字　左右雙邊　白口

　　21×15.7 釐米

浙圖

經 1472

廣韻五卷

　宋陳彭年等撰

　清康熙四十三年(1704)張士俊刻澤存堂

　　五種本　清海寧蔣光焴書誐兒集詩敘

　　略

浙圖

經 1473

廣韻姓氏刊誤不分卷

　清瑞安孫詒讓撰

　清同治三年(1864)稿本

浙大

經 1474

廣韻姓氏刊誤二卷

　清瑞安孫詒讓撰

　清同治四年(1865)稿本

浙大

經 1475

集韻十卷

宋丁度等撰

明末毛氏汲古閣影宋抄本　清段玉裁、
　　阮元跋

十一行二十二至二十四字　左右雙邊　白口

24.8×17.8 釐米

天一閣

經 1476

集韻十卷

宋丁度等撰

清康熙四十五年(1706)曹寅揚州使院刻
　　嘉慶十九年(1814)重修本

八行　小字雙行二十字　左右雙邊　綫黑口

16.2×11.6 釐米

上虞圖

經 1477

集韻十卷

宋丁度等撰

清康熙四十五年(1706)曹寅揚州使院刻
　　嘉慶十九年(1814)重修本　清瑞安方
　　成珪校

浙大

經 1478

集韻十卷

宋丁度等撰

清光緒二年(1876)川東官舍刻本　佚名
　　錄清段玉裁、韓泰華、周壽昌校跋

八行　小字雙行二十字　左右雙邊　綫黑口

15.9×11.5 釐米

浙圖

經 1479

集韻考正十卷

清瑞安方成珪撰

清道光二十七年(1847)稿本

溫圖

經 1480

集韻考正十卷

清瑞安方成珪撰

清抄本

溫圖

經 1481

集韻攷正十卷

清瑞安方成珪撰

清項氏水仙亭抄本

溫圖

經 1482

集韻考正十卷

清瑞安方成珪撰

清光緒五年(1879)瑞安孫氏詒善祠塾刻
　　永嘉叢書本　清瑞安孫詒讓校

存一卷　九

十三行二十二字　左右雙邊　黑口

16.8×13.3 釐米

浙大

經 1483

集韻校勘記十卷

清馬釗撰

清同治十二年(1873)孫氏家抄本　清瑞
　　安孫詒讓校並跋

十行二十四字　左右雙邊　綫藍口

19.3×11.7 釐米

浙大

經 1484

集韻正誤合鈔十卷

清鄭知同輯

清同治元年(1862)稿本

浙大

經 1485

切韻指掌圖二卷

題宋司馬光撰

檢例一卷
　明邵光祖撰
　清抄本
浙圖

經 1486

韻補五卷
　宋吳棫撰
　明嘉靖元年(1522)何天衢刻本　佚名批
　　校
　　八行　小字雙行二十字　左右雙邊　白口
　　18.3×13.8 釐米
天一閣

經 1487

韻補五卷
　宋吳棫撰
　明刻本
　　九行十七字　左右雙邊　白口
　　18.6×13.3 釐米
杭圖

經 1488

韻補五卷
　宋吳棫撰
　清抄本　清張穆跋　姜亮夫跋
浙大

經 1489

續韻補五卷
　清凌萬才撰
　清乾隆(1736—1795)刻本
　　八行　小字雙行二十四字　四周雙邊　白口
　　17.4×12.8 釐米
浙圖

經 1490

增修互註禮部韻略五卷
　宋江山毛晃增注　宋江山毛居正重增
　明刻本

存一卷　五
　　十一行十四字　小字雙行二十八字　左右雙邊
　　　黑口
　　22.3×15 釐米
天一閣

經 1491

增修校正押韻釋疑五卷首附條例一卷
　宋歐陽德隆撰　宋郭守正增修
　清抄本
浙大

經 1492

**大明成化丁亥重刊改併五音類聚四聲篇十
　五卷**
　金韓道昭撰
　明成化三年至七年(1467—1471)金臺大
　　隆福寺釋文儒募刻本
　　十行　小字雙行三十二字　四周雙邊　黑口
　　23.8×15.7 釐米
浙大

經 1493

**大明成化丁亥重刊改併五音類聚四聲篇十
　五卷**
　金韓道昭撰
　明成化三年至七年(1467—1471)金臺大
　　隆福寺釋文儒募刻正德(1506—1521)
　　重修本
浙圖

經 1494

大明成化庚寅重刊改併五音集韻十五卷
　金韓道昭撰
　明成化六年至七年(1470—1471)刻本
　　十行　小字雙行三十二字　四周雙邊　黑口
　　23.7×15.7 釐米
浙圖

經 1495

**大明正德乙亥重刊改併五音類聚四聲篇十
五卷五音集韻十五卷**

金韓道昭撰

新編經史正音切韻指南一卷

元劉鑑撰

新編篇韻貫珠集八卷直指玉鑰匙門法一卷

明釋真空撰

明正德十一年(1516)金臺衍法寺釋覺恒
募刻本

存三十卷　五音類聚四聲篇全　五音集韻
全

十行　小字雙行三十二字　四周雙邊　黑口
30.4×19.4 釐米

浙圖

經 1496

**大明正德乙亥重刊改併五音類聚四聲篇十
五卷五音集韻十五卷**

金韓道昭撰

新編經史正音切韻指南一卷

元劉鑑撰

新編篇韻貫珠集八卷直指玉鑰匙門法一卷

明釋真空撰

明正德十一年(1516)金臺衍法寺釋覺恒
募刻嘉靖三十八年(1559)釋本贊重修
本

存三十九卷　五音類聚四聲篇全　五音集
韻全　新編篇韻貫珠集全　直指玉鑰匙
門法全

浙大

經 1497

**大明萬曆乙亥重刊改併五音類聚四聲篇十
五卷萬曆己丑重刊改併五音集韻十五卷**

金韓道昭撰

新編經史正音切韻指南一卷

元劉鑑撰

新編篇韻貫珠集八卷直指玉鑰匙門法一卷

明釋真空撰

明萬曆三年至十七年(1575—1589)崇德
圓通庵釋如彩刻重修本〔卷四、八至十
二配明刻大明萬曆己丑重刊改併五音
類聚四聲篇本,總目錄、卷六配明刻大
明正德乙亥重刊改併五音類聚四聲篇
本〕

存二十四卷　五音類聚四聲篇全　新編篇
韻貫珠集全　直指玉鑰匙門法全

十行　小字雙行三十二字　四周雙邊　白口
29.8×19.1 釐米

浙圖

經 1498

**大明萬曆己丑重刊改併五音類聚四聲篇十
五卷五音集韻十五卷**

金韓道昭撰

經史正音切韻指南一卷

元劉鑑撰

新編篇韻貫珠集八卷

明釋真空撰

明崇禎二年至十年(1629—1637)金陵圓
覺庵釋新仁刻本

十行　小字雙行三十二字　四周單邊或四周雙
邊　白口
29.5×19 釐米

浙圖

經 1499

新編篇韻貫珠集八卷

明釋真空撰

明弘治十一年(1498)刻本

十行十六字　小字雙行三十二字　四周雙邊
黑口
22.2×15 釐米

浙圖

經 1500

新編篇韻貫珠集八卷

明釋真空撰

明隆慶六年(1572)釋本贊刻本

十行十六字　小字雙行二十八至三十二字　四
周雙邊　黑口

19.9×14.4釐米

浙圖

經 1501

古今韻會舉要三十卷

元熊忠撰

元刻本

存三卷　二十二至二十四

八行　小字雙行二十三字　左右雙邊　黑口

19×13.2釐米

天一閣

經 1502

**古今韻會舉要三十卷禮部韻略七音三十六
母通攷一卷**

元熊忠撰

元刻明修本

八行　小字雙行二十二或二十三字　左右雙邊
黑口

19.4×13釐米

浙圖　天一閣

經 1503

**古今韻會舉要三十卷禮部韻略七音三十六
母通攷一卷**

元熊忠撰

明嘉靖十五年(1536)秦鉞、李舜臣刻十
七年(1538)劉儲秀重修本

八行　小字雙行二十二或二十三字　左右雙邊
白口

20.4×14.9釐米

浙圖　杭圖

經 1504

古今韻會舉要三十卷

元熊忠撰

明刻本

存三卷　二十八至三十

八行　小字雙行二十三字　左右雙邊　黑口

23×13釐米

紹圖

經 1505

古今韻會舉要小補三十卷

明永嘉方日升撰

明萬曆三十四年(1606)周士顯刻本

八行十二字　小字雙行二十四字　四周單邊
白口

21.3×14.5釐米

浙圖　溫圖　嘉圖*　浙大

經 1506

古今韻會舉要小補三十卷

明永嘉方日升撰

明萬曆三十四年(1606)周士顯刻重修本

浙圖　臨海博

經 1507

**新編經史正音切韻指南一卷新增篇韻拾遺
并藏經字義一卷**

元劉鑑撰

等韻指掌圖一卷

明弘治九年(1496)釋思宜刻本

十三行十八字　四周雙邊　黑口

23.1×14.9釐米

浙圖

經 1508

新編經史正音切韻指南一卷

元劉鑑撰

明刻本

十三行十八字　左右雙邊　黑口

22.8×15釐米

浙圖

經 1509

重鐫經史正音切韻指南二卷

元劉鑑撰　清李維黼、張世瑞訂補

清乾隆五十二年(1787)懷德堂刻本

九行二十四字　左右雙邊　白口

18×14 釐米

浙圖

經 1510

古四聲等子韻一卷

元劉鑑撰

清姚氏咫進齋抄本　長興王修跋

十三行十八字　左右雙邊　綠口　版心下鐫

"咫進齋鈔本歸安姚氏藏"

18×13.7 釐米

浙圖

經 1511

書學正韻三十六卷

元楊桓撰

元刻本〔卷一至三配明抄本〕

存十六卷　一至三　九至二十一

八行　小字雙行二十二字　左右雙邊　綫黑口

22.4×17.2 釐米

天一閣

經 1512

書學正韻三十六卷

元楊桓撰

元刻明修本

缺四卷　一至二　九至十

八行字數不一　左右雙邊　綫黑口

22.3×17 釐米

天一閣

經 1513

洪武正韻十六卷

明樂韶鳳、浦江宋濂等撰

明正德十年(1515)張淮刻本

八行十二字　小字雙行二十四字　四周雙邊

黑口

21.8×14.9 釐米

浙圖

經 1514

洪武正韻十六卷

明樂韶鳳、浦江宋濂等撰

明嘉靖二十七年(1548)衡藩刻藍印本

八行十二字　小字雙行二十四字　四周雙邊

藍口

22.1×14.3 釐米

溫圖

經 1515

洪武正韻十六卷

明樂韶鳳、浦江宋濂等撰

明嘉靖二十七年(1548)衡藩刻藍印本

〔卷一至卷三配墨印〕

浙大

經 1516

洪武正韻十六卷

明樂韶鳳、浦江宋濂等撰

明劉以節刻本

八行十二字　小字雙行二十四字　四周雙邊

黑口

22.2×14.7 釐米

浙圖　天一閣

經 1517

洪武正韻十六卷

明樂韶鳳、浦江宋濂等撰

明刻本

存三卷　七至九

八行十二字　小字雙行二十四字　四周雙邊

黑口

22×14.7 釐米

天一閣

經 1518

洪武正韻十六卷

明樂韶鳳、浦江宋濂等撰

明萬曆三年(1575)司禮監刻本

八行十二字　小字雙行二十四字　四周雙邊

黑口

22.3×14.4 釐米

杭圖　天一閣　浙大

經 1519

洪武正韻十六卷

明樂韶鳳、浦江宋濂等撰

明刻本

八行十二字　小字雙行二十四字　四周雙邊

黑口

21.8×14.9 釐米

浙圖　浙大

經 1520

洪武正韻十六卷

明樂韶鳳、浦江宋濂等撰

明刻本

八行十二字　小字雙行二十四字　四周雙邊

黑口

22×14 釐米

浙圖

經 1521

洪武正韻十六卷

明樂韶鳳、浦江宋濂等撰

明刻本

八行十二字　小字雙行二十四字　四周雙邊

白口

20.6×14.9 釐米

溫圖

經 1522

洪武正韻十六卷

明樂韶鳳、浦江宋濂等撰

洪武正韻玉鍵一卷

明張士佩撰

明萬曆二年(1574)刻本

存十六卷　洪武正韻全

八行十二字　小字雙行二十四字　四周雙邊

白口

22.3×14.4 釐米

天一閣

經 1523

洪武正韻十卷

明樂韶鳳、浦江宋濂等撰　明楊時偉補

箋

明崇禎(1628—1644)刻本

八行十三字　小字雙行二十六字　四周單邊

白口

21.3×14 釐米

浙圖　浙大

經 1524

洪武正韻彙編四卷

明周家棟輯

明萬曆(1573—1620)刻本

九行十四字　小字雙行二十八字　四周雙邊

白口

22.3×15.9 釐米

浙圖　紹圖 *

經 1525

新編併音連聲韻學集成十三卷直音篇七卷

明章黼撰

明成化十七年(1481)刻嘉靖二十四年

(1545)張重重修本

存五卷　直音篇一至五

八行　四周雙邊　黑口

21.3×13.4 釐米

浙圖

經 1526

重刊併音連聲韻學集成十三卷

明章黼撰

明萬曆六年(1578)維揚資政左室刻本

八行　小字雙行二十四字　四周雙邊　白口

23.8×15.2 釐米

浙圖　天一閣 *

小學類

經 1527

重訂併音連聲韻學集成十三卷

　明章黼撰

　明萬曆三十四年(1606)練川明德書院刻
　本

　　八行字數不一　左右雙邊　白口

　　21.2×13.9 釐米

　天一閣

經 1528

會通館集九經韻覽□□卷

　明華燧輯

　明弘治十一年(1498)華氏會通館銅活字
　印本

　存七卷　八至十四

　　九行十七字　四周單邊　白口

　　23.5×15.8 釐米

　天一閣

經 1529

古今韻五卷

　　明張穎撰

　　明刻本

　存二卷　四至五

　　十一行字數不一　四周雙邊　綫黑口

　　15×12.6 釐米

　天一閣

經 1530

詩韻輯略五卷

　明潘恩撰

　明隆慶(1567—1572)刻本

　　八行十二字　小字雙行二十四字　左右雙邊
　　綫黑口

　　20.8×14.7 釐米

　浙圖　天一閣 *

經 1531

詩韻輯略五卷

　　明潘恩撰

清順治(1644—1661)寧壽堂刻本

　　九行十五字　小字雙行三十字　四周單邊　白
　　口　版心下鐫"寧壽堂"

　　21.1×13.8 釐米

　天一閣

經 1532

元聲韻學大成四卷

　明濮陽淶撰

　明萬曆二十六年(1598)書林鄭雲竹刻本

　　九行　四周雙邊　白口

　　18.4×12.9 釐米

　浙圖

經 1533

併音連聲字學集要四卷

　明陶承學撰

　明萬曆二年(1574)周恪刻本

　　八行十二字　小字雙行二十四字　左右雙邊
　　白口

　　21.5×14.5 釐米

　浙圖　天一閣 *

經 1534

問奇集二卷

　　明張位撰

　　明萬曆(1573—1620)刻本

　　　八行十八字　四周單邊　白口

　　　19.1×13.2 釐米

　天一閣

經 1535

讀易韻考七卷

　　明張獻翼撰

　　明萬曆(1573—1620)刻本

　　　十行二十字　左右雙邊　白口

　　　19.4×14 釐米

　天一閣

經 1536

交泰韻一卷

明呂坤撰

明萬曆（1573—1620）呂知畏、呂知思刻本

八行二十字　四周單邊　白口

21.8×14.3釐米

浙圖

經 1537

吟囊一覽五卷

明刻本

缺一卷　一

九行字數不一　四周雙邊　黑口

19.2×13.3釐米

天一閣

經 1538

韻譜本義十卷

明茅溱輯

明萬曆三十二年（1604）自刻本

八行十三字　小字雙行二十六字　四周單邊
白口

21×14.7釐米

浙圖

經 1539

音韻日月燈六十四卷

明呂維祺撰

明崇禎六年（1633）志清堂刻本

韻母五卷

同文鐸三十卷首四卷

韻鑰二十五卷

韻母八行十六字　同文鐸、韻鑰八行十二字
小字雙行二十四字　四周單邊　白口

21.5×14.5釐米

浙圖　天一閣 *

經 1540

切法正指二卷

明呂維祺、呂維祜撰

清抄本

十行二十字　四周雙邊　白口

17.5×11.8釐米

浙圖

經 1541

西儒耳目資三卷

法國金尼閣撰

釋疑一卷

明王徵撰

明天啓六年（1626）王徵、張問達刻本

存一卷　二（列音韻譜）

十二行二十字　四周雙邊　白口

23.5×15釐米

紹圖

經 1542

元韻譜五十四卷首一卷

明喬中和撰

清康熙三十年（1691）梅墅石渠閣刻本

七行　四周雙邊　黑口

20.6×13.5釐米

溫圖

經 1543

元音統韻二十八卷

明嘉興陳藎謨、清胡邵瑛撰　清仁和吳
任臣補輯

清康熙五十三年（1714）范廷瑚刻本

八行或九行字數不一　左右雙邊　白口　版心
下鐫"慎思堂"

20.4×14.5釐米

浙圖

經 1544

五車韻府十卷

清胡邵瑛撰

唐韻疏二卷古韻疏二卷

明嘉興陳藎謨撰

清據康熙五十三年（1714）范廷瑚刻元音

統韻版節編印本
　八行　小字雙行二十四字　左右雙邊　白口
　版心下鐫"慎思堂"
20.2×14.6 釐米
浙圖

經 1545

音學五書三十八卷
　清顧炎武撰
　清康熙六年(1667)張弨符山堂刻本
　　音論三卷
　　詩本音十卷
　　易音三卷
　　唐韻正二十卷
　　古音表二卷
　　八行十二字　小字雙行二十四字　左右雙邊
　　白口
20.4×14.5 釐米
浙圖　溫圖　嘉圖　浙大

經 1546

音學五書三十八卷
　清顧炎武撰
　清康熙六年(1667)張弨符山堂刻本　清
　　鄞縣徐時棟跋
存音論三卷
天一閣

經 1547

音學五書三十八卷
　清顧炎武撰
　清康熙六年(1667)張弨符山堂刻本　題
　　秦淮鏡山氏跋
溫圖

經 1548

音學五書十三卷
　清顧炎武撰
　清道光(1821—1850)林春祺福田書海銅
　　活字印本

銅板音論三卷
詩本音十卷
　八行十九字　四周雙邊　白口　版心下鐫"福
　田書海"
17×11.2 釐米
浙圖

經 1549

吳才老韻補正二卷
　清顧炎武撰
　清抄本　佚名校
浙圖

經 1550

柴氏古韻通八卷正音切韻復古編一卷
　清仁和柴紹炳撰
　清康熙(1662—1722)刻本
　　八行十六字　左右雙邊　白口
20.8×14.1 釐米
浙圖　溫圖

經 1551

音韻闡微十八卷
　清李光地等撰
　清雍正六年(1728)內府刻本
　　八行十二字　小字雙行二十四字　四周雙邊
　　白口
20.8×14.7 釐米
浙圖

經 1552

類音八卷
　清潘耒撰
　清康熙(1662—1722)潘氏遂初堂刻本
　　十一行二十二字　左右雙邊　白口
20.8×15.2 釐米
浙圖　嘉圖　餘姚文

經 1553

韻雅五卷雜論一卷識餘一卷
　清施何牧撰

清刻本

八行　小字雙行二十四字　四周雙邊　綫黑口

18.8×13.8 釐米

浙圖

經 1554

康熙甲子史館新刊古今通韻十二卷

清蕭山毛奇齡撰

清康熙二十四年（1685）刻本

十行二十字　四周單邊　白口

19.6×14.3 釐米

浙圖　嘉圖　天一閣

經 1555

古今韻略五卷

清邵長蘅撰

清康熙三十五年（1696）宋犖刻本

九行十四字　小字雙行二十八字　四周單邊
黑口

20×14.4 釐米

浙圖　溫圖　嘉圖　上虞圖

經 1556

古今韻略五卷

清邵長蘅撰

清康熙三十五年（1696）宋犖刻本　清江
昱校

杭圖

經 1557

古今韻略五卷

清邵長蘅撰

清康熙（1662—1722）刻本

九行十四字　小字雙行二十八字　四周單邊
黑口

19.5×14.4 釐米

浙圖　平湖圖

經 1558

等切元聲十卷

清熊士伯撰

清康熙（1662—1722）刻尚友堂印本

缺四卷　三至六

十行二十四字　左右雙邊　白口

19.4×13.8 釐米

浙圖

經 1559

韻切指歸二卷

清吳遐齡撰

清康熙四十九年（1710）吳之玠刻本

九行十九字　四周單邊　白口

20.8×14.2 釐米

浙圖

經 1560

詩詞通韻五卷首一卷反切定譜一卷

題清樸隱子輯

清康熙二十四年（1685）刻本

八行十二字　四周雙邊　綫黑口

21.5×15 釐米

浙圖

經 1561

馬氏等音分韻五卷

清梅建輯

清乾隆二十六年（1761）馬駉抄本

天一閣

經 1562

問奇一覽二卷音韻須知二卷

清李書雲撰

清乾隆三十一年（1766）汪燾刻本

九行二十字　左右雙邊　黑口

19.3×13.4 釐米

浙圖

經 1563

善樂堂音韻清濁鑑三卷

清王祚禎撰

清康熙六十年（1721）善樂堂刻本

九行十八字　小字雙行三十六字　四周雙邊

白口　版心下鎸"善樂堂"

23.2×15.1 釐米

浙圖

經 1564

讀詩韻新訣二卷附錄一卷

清徐鍾郎撰

清雍正五年(1727)刻本

九行二十字　左右雙邊　黑口

18.1×13.1 釐米

浙圖

經 1565

古今韻表新編四卷後編一卷

清仇廷模撰

清乾隆(1736—1795)刻本

十行二十四字　左右雙邊　白口

20.3×15 釐米

浙圖

經 1566

古韻標準四卷詩韻舉例一卷

清江永撰　清戴震參定

清乾隆三十六年(1771)潮陽縣衙刻本

十行　小字雙行二十三字　左右雙邊　黑口

19.7×14.8 釐米

浙圖

經 1567

四聲切韻表一卷

清江永撰

清乾隆三十六年(1771)恩平縣衙刻本

十行二十二字　左右雙邊　黑口

20×15 釐米

浙圖

經 1568

韻律四卷

清仁和陳本撰

清乾隆(1736—1795)英雨書屋刻本

十行二十字　四周單邊　白口

18×13.7 釐米

浙圖

經 1569

欽定同文韻統六卷

清允祿等撰

清乾隆十五年(1750)武英殿刻朱墨套印本

九行二十字　四周雙邊　白口

20.9×14 釐米

浙圖

經 1570

音韻討論六卷

清吳穎芳撰

清抄本

十一行二十四字　左右雙邊　白口

20.1×13.7 釐米

天一閣

經 1571

韻字辨同五卷

清彭元瑞撰　清翁方綱增補

清乾隆三十年(1765)羊城試署刻本

六行十六字　四周雙邊　白口

14×10.4 釐米

浙大

經 1572

韻學考原二卷

清會稽范家相撰

稿本

十行二十二字　左右雙邊　白口

18.3×12.8 釐米

天一閣

經 1573

佩韻示斯二卷

清歸安吳清藻輯

清乾隆二十七年(1762)敬修堂刻本

八行字數不一　四周雙邊　綫黑口

12.9×9.8 釐米

浙圖

經 1574

韻歧五卷

清江昱撰

清乾隆(1736—1795)湘東署齋刻本

九行　小字雙行二十二字　左右雙邊　綫黑口

17.3×13.8釐米

浙圖

經 1575

詩聲類十二卷

清孔廣森撰

清抄本

缺四卷　九至十二

天一閣

經 1576

聲韻考四卷

清戴震撰

清乾隆四十一年(1776)西湖樓刻本

十行二十一字　左右雙邊　白口

19.3×14.3釐米

浙圖　上虞圖

經 1577

六書音均表五卷

清段玉裁撰

清乾隆四十一年(1776)富順官廨刻本

十行二十字　四周單邊　白口

21.4×15.8釐米

浙圖　上虞圖

經 1578

六書音均表五卷

清段玉裁撰

清乾隆四十一年(1776)富順官廨刻本

清許瀚批校　清費念慈跋

浙圖

經 1579

六書音均表五卷

清段玉裁撰

清乾隆四十一年(1776)富順官廨刻本

嘉興金蓉鏡跋

嘉圖

經 1580

漢學諧聲二十四卷説文補考一卷又考一卷

清太平戚學標撰

清嘉慶九年(1804)涉縣官署刻本

八行　小字雙行二十五字　四周雙邊　白口

20.9×15.6釐米

浙圖　溫圖

經 1581

漢魏音四卷

清洪亮吉撰

清光緒三年(1877)授經堂刻授經堂重刊

遺集本　象山陳漢章批校

十二行二十四字　左右雙邊　黑口

19.8×15釐米

浙圖

經 1582

音韻輯要二十一卷

清王鵕撰

清乾隆四十九年(1784)崑山載德堂刻本

八行十二字　四周雙邊　白口

20.3×14.4釐米

浙圖　嘉圖

經 1583

方音正誤五卷

清左伯溪撰

清乾隆五十七年(1792)刻本

九行　小字雙行二十二字　左右雙邊　綫黑口

16.9×13.6釐米

浙圖

經 1584

音切譜二十卷

清李元撰

清嘉慶元年(1796)刻本

九行二十一字　四周雙邊　白口
18×11.9 釐米

浙圖

經 1585
音韻同異辨八卷
　清單可琪撰
　清嘉慶八年(1803)自刻本
　　八行　小字雙行二十五字　四周雙邊　黑口
　　17.8×14.2 釐米

浙圖

經 1586
江氏音學十書十二卷
　清江有誥撰
　清嘉慶道光間(1796—1850)刻本
　　詩經韻讀四卷　嘉慶十九年(1814)刻
　　群經韻讀一卷　嘉慶二十二年(1817)刻
　　楚辭韻讀一卷宋賦韻讀一卷　嘉慶二十四
　　　年(1819)刻
　　先秦韻讀一卷　嘉慶二十五(1820)刻
　　唐韻四聲正一卷　道光七年(1827)刻
　　廿一部諧聲表一卷　道光十一年(1831)刻
　　入聲表一卷等韻叢説一卷　道光十一年
　　　(1831)刻
　　十行二十或二十一字　左右雙邊　白口
　　17.3×13.2 釐米

浙圖

經 1587
古韻論三卷
　清胡秉虔撰
　清抄本　清瑞安孫詒讓批校

浙大

經 1588
古韻論三卷
　清胡秉虔撰
　清光緒二年(1876)世澤樓刻績溪胡氏叢
　　書本　清瑞安孫詒讓點勘
　　十二行二十四字　左右雙邊　黑口　版心下鐫
　　　"世澤樓刊本"

17.5×13.3 釐米

溫圖

經 1589
今韻三辨一卷
　清仁和孫同元輯
　稿本

溫圖

經 1590
小學識餘五卷説文段注拮誤一卷
　清朱駿聲撰
　手稿本　朱師轍題簽並跋

浙圖

經 1591
音均部略四卷詩音譜略一卷
　清定海黃式三撰
　稿本

天一閣

經 1592
歌麻古韻考四卷
　清吳樹聲撰
　清抄本　姜亮夫跋

浙大

經 1593
連珠均攷一卷
　清鎮海張成渠撰
　稿本
　　十行二十一字　四周雙邊　白口
　　19.2×13.4 釐米

天一閣

經 1594
音韻校正四卷例説一卷
　清蕭山來景風撰
　稿本
　　九行二十四字　四周雙邊　白口
　　18.6×14.1 釐米

浙圖